REVISITANDO UMA HISTÓRIA SEM FIM

O Ministério Público em tempos de crise

CONTRACORRENTE

ANTONIO ARALDO FERRAZ DAL POZZO

REVISITANDO UMA HISTÓRIA SEM FIM

O Ministério Público em tempos de crise

São Paulo

2020

CONTRACORRENTE

Rua Dr. Cândido Espinheira, 560 | 3º andar
São Paulo – SP – Brasil | CEP 05004 000
www.editoracontracorrente.com.br
contato@editoracontracorrente.com.br

Dados Internacionais de Catalogação na Publicação (CIP)
(Ficha Catalográfica elaborada pela Editora Contracorrente)

D136 DAL POZZO, Antonio Araldo Ferraz.
Revisitando uma história sem fim: o Ministério Público em tempos de crise | Antonio Araldo Ferraz Dal Pozzo – São Paulo: Editora Contracorrente, 2020.

ISBN: 978-85-69220-72-5

1. Ministério Público. 2. Democracia. I. Título.

CDD: 300
CDU: 342.6

Impresso no Brasil
Printed in Brazil

SUMÁRIO

CAPÍTULO I
RECORDANDO UM PASSADO PESSOAL

1.1 Ministério Público: uma história sem fim

Com esse feliz e adequado título, Joaquim Cabral Netto descreveu os principais e relevantes acontecimentos da história mais recente do Ministério Público.[1]

História que realmente não tem fim, pois acompanhará a Humanidade, até o final dos tempos.

Como muitos, faço parte dessa história sem fim.

---

[1] O livro "Uma História Sem Fim" foi encomendado pela CONAMP – Associação Nacional dos Membros do Ministério Público – que a publicou. O autor, Joaquim Cabral Netto é ilustre membro do Ministério Público de Minas Gerais, liderou e participou ativamente de notáveis campanhas do Ministério Público. Foi Presidente da CONAMP no biênio julho de 1979/1981. A obra tem registros históricos importantíssimos e apresenta um trabalho de pesquisa primoroso. O primeiro nome da entidade nacional do Ministério Público foi CAEMP – Confederação das Associações Estaduais do Ministério Público. Posteriormente alguns Ministérios Públicos da União quiseram dela fazer parte e seu nome passou a ser CONAMP – Confederação Nacional do Ministério Público. Mantendo a sigla, houve necessidade de tornar os *membros* do Ministério Público seus associados e não mais as respectivas associações, por razões de representatividade e capacitação processual para ações judiciais.

Vivi intensamente a Instituição do Ministério Público durante mais de vinte anos, durante os quais ocupei cargos e funções variadas.[2]

Neste estudo, peço licença para, em primeiro lugar, revisitar alguns dos meus primeiros momentos como Promotor de Justiça, que mais tarde se revelaram – para mim mesmo – como inspiradores da reconstrução de uma ideologia do Ministério Público brasileiro, que felizmente pude conduzir durante a Assembleia Nacional Constituinte de 1988, como Presidente da entidade nacional, com os indispensáveis aprimoramentos sugeridos por muitos colegas paulistas e de outros Estados da Federação, que de perto acompanharam a elaboração de nossa Constituição.

Depois abordarei fases de uma verdadeira reconstrução do Ministério Público em diversos níveis, para chegar até a momento crítico pelo qual passa a Instituição, nestes tempos difíceis.

---

[2] Cargos: (a) Ingresso no Ministério Público do Estado de São Paulo, em 16 de fevereiro de 1969; (b) Promotor de Justiça Substituto da 6ª Circunscrição de Rio Claro, nomeado por Decreto de 05 de fevereiro de 1969; (c) Promotor de Justiça de Nuporanga (1ª Entrância), com promoção por merecimento, em 13 de junho de 1969; (d) Promotor de Justiça de Mirante do Paranapanema (2ª Entrância), com promoção por merecimento, em 19 de março de 1970; (e) Promotor de Justiça de Itapeva (2ª Entrância), por convocação, a partir de 1º de julho de 1970; (f) Promotor de Justiça da Capital (3ª Entrância), com promoção por merecimento, em 12 de setembro de 1972; (g) 44º Promotor de Justiça da Capital (Entrância Especial), com promoção por merecimento, em 22 de agosto de 1975, passando a exercer as funções de Curador de Ausentes e Incapazes; (h) Assessor do Procurador-Geral de Justiça, Dr. Gilberto Quintanilha Ribeiro, com designação de 18 de agosto de 1976 até 25 de agosto de 1981 (ocupando o cargo nas gestões de Dr. Rui Junqueira de Freitas Camargo, Dr. João Santana e Dr. João Severino de Oliveira Peres); (i) Subprocurador de Justiça, com promoção por merecimento, em de 25 de agosto de 1981; (j) Procurador de Justiça, com promoção por merecimento, em 16 de julho de 1982; (k) Membro eleito do Conselho Superior do Ministério Público, para os mandatos de 1983 e 1984; (l) Presidente da Associação Paulista do Ministério Público – biênios 1986/1988 e 1988/1990; (m) Secretário Geral da Confederação Nacional do Ministério Público – CONAMP, biênios 1983/1985 e 1985/1987; (n) Presidente da Confederação Nacional do Ministério Público – CONAMP, biênios 1987/1989 e 1989/1991;(o) Vice-presidente do Conselho do Centro de Estudos do Ministério Público, exercício 1989; (p) Procurador-Geral de Justiça – biênios 1990/1992 e 1992/1994 e, nesse período, Presidente do Conselho Superior do Ministério Público, do Colégio de Procuradores e da Banca de Concurso de ingresso no Ministério Público.

1.2 Começo do caminho – primeiros passos

Minha revisitação me faz recuar no tempo e voltar para a minha primeira comarca – a cidade de Nuporanga.[3]

No meu primeiro entardecer em Nuporanga sentei-me na Praça Eloy Lima, perto da Matriz. Para mim aquela paisagem era tristonha e deserta. Absorto em pensamentos distantes, e enquanto luzes muito fracas e bruxuleantes se acendiam à medida que a noite chegava, de repente ouço a Ave Maria de Gounod, por um autofalante fixado no topo do coreto. Imediatamente fui transportado para minha cidade natal – Tietê – onde os autofalantes do Seminário local também irradiavam a mesma melodia ao cair da tarde. Um sentimento de solidão invadiu minha alma. Fui dormir, firmemente disposto a afastá-lo de mim.[4]

Apesar de ter conhecimentos suficientes para exercer minha atividade forense (pouquíssima, naquela comarca), em verdade eu não sabia o que era ser, de verdade, um Promotor de Justiça.

A cidade, embora sem problemas judiciais – a última tentativa de furto significativo foi de um cofre da Coletoria (tentativa porque ao arranque do caminhão, em cuja carroceria ela fora colocado, o cofre escorregou e ficou na rua...), que ocorrera há mais de dez anos – enfrentava sérios problemas de ordem social. Um deles, os boias-frias, eram trabalhadores sazonais durante a colheita do arroz e tinham esse nome

---

[3] A comarca de Nuporanga (que significa "Campo Belo") abrangia o município de Salles de Oliveira, cidades ligadas por uma estrada de terra, à época. Instalei-me numa das salas do Fórum de Nuporanga, tomando emprestada uma cama do hospital local – São Geraldo. Valia-me de um banheiro completo que alguém, com poderes de premonição, construiu atrás de meu gabinete. Sempre entendi que o Promotor devesse morar na sua comarca. Em Nuporanga não havia hotel e nem pensão – uma senhora servia refeições em sua casa, onde eu almoçava e jantava, na companhia de trabalhadores locais.

[4] Aos poucos fui conhecendo pessoas e participando de um grupo que se reunia em casa da Dra. Elizabeth, holandesa, médica e Oblata Secular (ordem fundada no século XV, no regime beneditino, à qual podem pertencer leigos, consagrados ou sacerdotes), radicada em Nuporanga e que dirigia o já mencionado Hospital São Geraldo. Estudantes de medicina de Ribeirão Preto faziam estágio por lá. Várias professoras ali se reuniam todas as noites. Minha vida começou a ser mais feliz.

porque almoçavam comida fria de marmita. Durante o restante do ano, passavam grandes necessidades.

Boa parte da população que vivia abaixo da linha de pobreza morava na chamada Vila Diogo – duas fileiras de casas ao longo de uma estreita estrada de terra batida, que eram, de fato, casebres esburacados e de pau-a-pique, cobertos de sapé, com um número incrível de crianças desnutridas e várias pessoas seriamente enfermas – com tuberculose, Mal de Chagas e até mesmo Mal de Hansen.

Grande era a evasão escolar, especialmente em época de colheita, pois os pais obrigavam as crianças a trabalhar com eles e assim aumentar um pouco os parcos pagamentos que recebiam. Pela manhã, muitos caminhões, sem qualquer banco ou proteção nas carrocerias, partiam lotados para as fazendas.

A cidade também não tinha creche e as crianças ainda sem idade para frequentar a escola ficavam pelas ruas, praticamente abandonadas.

Eu já conhecia uma entidade chamada "Serviço de Obras Sociais" – SOS, existente em várias cidades e criado na cidade de Itapira, sob os cuidados de meu tio José Carlos de Camargo Ferraz – Promotor de Justiça da cidade. Conhecia sua estrutura e metodologia.

Juntamente com um grupo de senhoras e professoras resolvi criar um SOS em Nuporanga, tendo por sede o Salão Paroquial. O SOS atendia somente casos de extrema pobreza (e eram tantos, por ali!). Fornecia uma cesta básica semanal. Mas, o SOS, em contrapartida, fazia várias exigências para continuar a distribuir mantimentos: exigia que os filhos frequentassem a escola; a mãe tinha que frequentar aulas de culinária, para aprender a melhor forma de utilizar os mantimentos distribuídos, além de se obrigar a manter a casa limpa. Mais tarde, as mães começaram a fazer curso de corte e costura e toda roupa pessoal, de cama e de banho produzida era doada à sua família. O marido era convocado para fazer um rápido curso de pedreiro e de pintura, comprometendo-se a arrumar as paredes de sua casa e a caiá-las para evitar o Barbeiro. Mais tarde, num curso de marcenaria, faria seus móveis. O lema era este: "O SOS não dá o peixe, ensinar a pescar". Havia visitas periódicas de inspeção e as professoras do Grupo Escolar informavam as ausências dos alunos. A desobediência implicava o corte de fornecimento, que era inexorável – senão a entidade perdia sua força.

Às sextas-feiras nos reuníamos no salão paroquial, em volta de uma enorme mesa, para organizar as sacolas de alimentos com as etiquetas de identificação. Elas eram distribuídas aos sábados.

As contribuições espontâneas para sustentar o SOS eram muitas, a princípio. Porém, aos poucos, começam a rarear. Para garantir a distribuição e compra de materiais necessários, os voluntários do SOS organizavam, com a comunidade local, várias festas beneficentes. Porém, os recursos obtidos assim, esporadicamente, rapidamente se esgotavam. Era preciso ter uma renda fixa mensal. Obtive, então, do Prefeito Municipal, autorização para construir um Clube de Campo em área municipal.[5]

Mais tarde criei o Núcleo Agrícola de Nuporanga – NAN – que se destinava a ser uma escola técnica de agricultura para qualificar os trabalhadores rurais e permitir a obtenção de emprego "com registro em carteira". Cursos de tratorista, de mecânica de máquinas agrícolas, de técnicas de plantio e outros adequados à realidade rural da região estavam programados. Muitos, porém, poderiam voluntariamente se fixar na área do NAN, que era também municipal e bem extensa. Poderiam construir suas próprias casas (em regime de mutirão) com plantas e lotes predeterminados e materiais de construção fornecidos pelo NAN. Lá poderiam

---

[5] Nem me lembrei, à época, da necessidade de lei municipal. Inicialmente construímos uma represa e uma estrutura de madeira que avançava pela água e que seria, futuramente, uma lanchonete. Nas margens da represa pusemos areia (sobras dos filtros da Prefeitura). Fomos edificando vestiários, portaria, campo de futebol, quiosques para churrascos. No começo, as pessoas passavam ali e, incrédulas, diziam que em Nuporanga nada ia para frente. Mas, à medida que tudo começou a ganhar forma, as pessoas passaram a ajudar, doando materiais (mourões de cerca, arame, grama, mudas de árvores etc.) e trabalhando conosco, ajudando a instalar cercas, plantando mudas de árvores e de flores. Eu tinha a sensação de estar vivendo um daqueles filmes do gênero. Subsidiei com meus vencimentos boa parte das edificações. Foi inaugurado e teve muitos associados, cujas mensalidades eram carreadas para o SOS. Pessoas das cidades vizinhas pagavam ingresso para frequentar o clube. Inacreditável!

permanecer por cinco anos, enquanto arrumavam uma maneira de se estabelecer noutro local. A ideia era que essas famílias se dedicassem à produção de hortifrutigranjeiros (verduras, legumes, frutas, criação de frangos e de galinhas poedeiras) – nada disso havia em sistema organizado na região e o mercado era propício para essa produção. O NAN faria a distribuição e venda, com a participação dos produtores, em um regime de cooperativa. Equipamentos, insumos etc. seriam adquiridos pelo Núcleo e compartilhados.

Em 22 de junho de 1991, fui agraciado com o título de "Cidadão Honorário da Cidade de Nuporanga". Nessa oportunidade já exercia o cargo de Procurador-Geral de Justiça e proferi um discurso que justifica tudo quanto recordei acima:

"Éramos, nós dois, novatos e debutantes – a comarca não sabia bem o que era um Promotor de Justiça (porque recém-criada) e o Promotor de Justiça que aqui aportava não sabia bem o que era ser, na realidade do dia a dia, um Promotor de Justiça.

Acho que foi uma descoberta recíproca.

(...)

Foi com meus amigos de Nuporanga que aprendi que o Promotor de Justiça não pode ser apenas o burocrata forense, que trabalha com os processos como se eles fossem uma realidade em si mesma, e não o retrato de um drama humano que se desenrola lá fora, vivo e real, envolvendo pessoas.

Foi aqui que entendi que o verdadeiro Promotor de Justiça deve – ao lado das pessoas da comunidade e autoridades locais – enfrentar os graves problemas sociais de sua comarca. Velar pelos desvalidos, pelos injustiçados, pelos desfavorecidos. Sair de seu gabinete e frequentar casebres miseráveis onde tudo falta, até mesmo a dignidade de pessoa humana, isto é, os mínimos direitos do cidadão.

Percebi que cabe ao Promotor de Justiça promover o entendimento e não a discórdia, a orientação e mão forte quando for preciso. Que ele pode ser amigo sem se comprometer, que pode conviver com os poderosos e os fracos, que pode agir em nome da ordem constitucional, sem partidarismos. Que não é preciso frequentar manchetes e buscar ser a estrela do espetáculo para ganhar a confiança de sua comarca – que deve ser o mais igual, se quiser promover a igualdade.

(...)

As longas noites de reflexão forjaram em mim uma filosofia institucional que procurei vivenciar em todos os momentos de minha vida.

Quis o destino que eu estivesse à frente da Confederação Nacional do Ministério Público quando aconteceu a Assembleia Nacional Constituinte – e lá na Constituição Federal estão escritas essas coisas todas que Nuporanga me ensinou. E, na condição de Procurador-Geral de Justiça, estou lutando muito para que essa lição de vida se transforme efetivamente em modo de ser do Ministério Público".[6]

1.3 Fecha-se um ciclo e outro se abre

Em agosto de 1976, Dr. Gilberto Quintanilha Ribeiro, então Procurador-Geral de Justiça, convidou-me para ser Assessor de seu Gabinete – cargo eminentemente *político* que somente os apaniguados ocupavam.[7]

Aceitei, obviamente. Porém, mais tarde quis saber a razão daquele convite – e o Dr. Quintanilha me disse que num feriado de finados, há anos, estivera visitando parentes enterrados no cemitério de Nuporanga.

[6] Estávamos construindo o NAN – Núcleo Agrícola da Nuporanga – quando, por falta de experiência de minha parte e seguindo conselhos de colegas da Capital, eu me inscrevi por promoção para a comarca de Mirante do Paranapanema, promoção sem qualquer chance, me diziam. Mas, para minha estupefação, fui promovido! Tentei desistir ou ficar convocado na comarca vizinha de Orlândia (distante apenas doze quilômetros). Muitos abaixo-assinados foram feitos pelos Prefeitos, Vereadores e Deputados da Região. Nada feito. Não conseguindo ser convocado em Orlândia, recebi e aceitei o convite para ser convocado para Itapeva, muito desiludido com o Ministério Público. O tempo passou. Casei-me. Fui promovido para a Capital em 12 de setembro de 1972 e logo depois fui à Itália, fazer o "Corso Singolo di Procedura Civile", na Università Deglli Studi di Milano, com o Professor Enrico Tullio Liebman. Por influência desse gênio iluminado, estudei muito e pus em mente um objetivo: seria professor de Direito Processual Civil na Faculdade de Direito do Largo de São Francisco. Voltando a São Paulo, comecei o Mestrado na USP.

[7] Nesse ano de 1976, seu ex-Assessor, Júlio Francisco dos Reis, deixou o cargo para ser candidato (único) à Presidência da Associação Paulista do Ministério Público (1976/1978), sucedendo a João Lopes Guimarães.

Na oportunidade, ouviu falar muito de meu trabalho na comarca e nunca mais se esqueceu de meu nome. Quando o cargo da Assessoria vagou, muitas indicações *políticas* foram feitas, mas ele sacou meu nome da algibeira, para espanto de todos, que sequer sabiam quem eu era.

Assumindo a Assessoria, logo pude perceber quão pobre era o Ministério Público. Também tomei contato com seu ideário fantástico. E nasceu em mim um profundo interesse pela Instituição. Estudei muito sobre o Ministério Público, passando noites refletindo sobre o tema. Aos poucos o interesse se transformou em paixão, que iria durar um bom tempo. Inevitavelmente minhas reflexões partiam da teoria e iam pousar nas experiências práticas que havia vivido até então. Pouco e pouco fui entendendo a política interna do Ministério Público.[8]

Em 1980, fui eleito Diretor de Patrimônio da Associação Paulista do Ministério Público, sendo Cláudio Ferraz de Alvarenga (que foi candidato único) o seu Presidente e Luiz Antonio Fleury Filho seu vice. Em 1982, Fleury se torna Presidente da APMP e em 1983, Presidente da então CAEMP, em eleição realizada em Belo Horizonte. Fui nomeado por ele Secretário Executivo e Tesoureiro da entidade nacional.

Um novo ciclo então se abre.

---

[8] Com efeito, aos poucos fui descobrindo e entendendo a política interna do Ministério Público. O grupo político interno mais forte era chamado de "Conselho Inferior do Ministério Público", tamanha era sua influência. Três de seus líderes foram Presidentes da Associação: Ronaldo Porto Macedo (1970/1972); Carlos Siqueira Neto (1972/1974) e João Lopes Guimarães (1974/1976) (apenas Antonio Celso Di Munno Corrêa não foi). Em 1978, houve uma cisão nesse grupo. A liderança apoiou a candidatura vitoriosa de Guido Henrique Meinberg, numa eleição acirradíssima.

Porém, o destino tem lá suas desventuras e dois dos líderes desse grupo logo depois faleceram, enquanto um terceiro saiu da carreira para ser Secretário de Estado: abriu-se um vácuo na política interna, até porque o grupo que perdera a eleição estava se desintegrando.

Vários episódios então ocorreram, que abalaram a Instituição: a renúncia do Dr. Quintanilha, sua substituição pelo Dr. Rui Junqueira de Freitas Camargo, que logo vai para o Judiciário pelo quinto constitucional. Assume o Dr. João Santana, que derrotou o candidato do Governador, na lista tríplice feita pelo Colégio de Procuradores. Por fim, assume o Dr. João Severino de Oliveira Peres – e durante todo esse tempo eu e meu colega, Cláudio Ferraz de Alvarenga, permanecemos na Assessoria.

CAPÍTULO II

CONSTRUINDO UM NOVO MODELO DE MINISTÉRIO PÚBLICO BRASILEIRO

2.1 Considerações iniciais

No Brasil o Ministério Público avançou e retrocedeu muitas vezes e, não por mera coincidência histórica, os avanços ocorreram em momentos de regime democrático e os retrocessos quando o regime se tornou autoritário.

Além dessa circunstância externa, o próprio Ministério Público viveu momentos em que desejava romper os laços com o Poder Executivo, para representar apenas a sociedade, e em outros, ao contrário, deixava se submeter a esse Poder, muitas vezes por interesses pessoais de seus líderes, com aceitação tácita da classe, que via nessa aproximação a oportunidade de obter melhorias de vencimentos e outras vantagens financeiras. O interesse pessoal e o interesse público sempre disputaram a primazia nas prioridades do Ministério Público. Os interesses individuais, porém, sempre foram dissimulados, encobertos por bandeiras institucionais. Esse movimento pendular provocado por vicissitudes do Estado e por vontade institucional própria, explica muito da sua história.

A vinculação do Ministério Público com o Poder Executivo tem razões antigas, a partir de seus ancestrais mais próximos: os agentes do rei (*Les Gens du Roi*), criados por uma Ordenança do Rei da França Felipe, O Belo, de 25 de março de 1.302. Como se sabe, eles tinham a função de defender os interesses particulares do monarca em juízo – especialmente cobrar os impostos, que eram sonegados pelos Senhores Feudais. O Rei Felipe, o Belo, deu-lhes tanta força e prestígio, que os agentes do rei passaram a se sentar em cadeiras colocadas no mesmo tablado (*parquet*, em francês) em que era colocada a cadeira do juiz – significando que este não estava acima daqueles (daí o hábito de se referir ao Ministério Público como *Parquet*). Os agentes do rei receberam melhor definição na Ordenança de 1.579 e, posteriormente, a Instituição foi acolhida pelo Código de Instrução Criminal Francês, de onde se irradiou para as nações europeias e, de Portugal, para o Brasil.

Sem retrair demasiadamente no tempo, isto é, voltando aos anos 70, alguns marcos mais importantes, segundo me parece, devem ser rapidamente rememorados para contextualizar o Ministério Público na vida nacional.

2.2 O Ministério Público na década de 70: vinculação máxima ao Poder Executivo – um liame a ser desfeito

Na década de 70 houve a criação da primeira entidade nacional da Instituição: a Confederação das Associações Estaduais de Ministério Público – CAEMP, cuja Carta de Princípios foi lançada em 10 de dezembro desse ano, no Rio de Janeiro, durante o III Congresso Nacional.

Os líderes nacionais entendiam a premente necessidade de conferir às Instituições Estaduais um perfil o mais homogêneo possível, tão diversos eram elas entre si.[9]

Vigorava, à época, a Constituição da República de 24 de janeiro de 1967, que dedicava uma Seção ao Ministério Público, inserido na Capítulo VII – "Do Poder Executivo", *verbis*:

---

[9] A obra citada logo no começo, escrita por J. Cabral Netto, do Ministério Público de Minas Gerais, "Uma história sem fim", editado pela CONAMP, narra episódios dessa época e até mesmo os da constituinte de 88. Vale a pena conhecê-la.

SEÇÃO VII

Do Ministério Público

Art. 94. A lei organizará o Ministério Público da União junto aos juízes e tribunais federais.

Art. 95. O Ministério Público federal tem por chefe o Procurador-Geral da República, nomeado pelo Presidente da República, dentre cidadãos maiores de trinta e cinco anos, de notável saber jurídico e reputação ilibada.

§ 1º Os membros do Ministério Público da União, do Distrito Federal e dos Territórios ingressarão nos cargos iniciais de carreira, mediante concurso público de provas e títulos; após dois anos de exercício, não poderão ser demitidos senão por sentença judiciária ou em virtude de processo administrativo em que se lhes faculte ampla defesa, nem removidos a não ser mediante representação do Procurador-Geral, com fundamento em conveniência do serviço.

§ 2º Nas comarcas do interior, a União poderá ser representada pelo Ministério Público estadual.

Art. 96. O Ministério Público dos Estados será organizado em carreira, por lei estadual, observado o disposto no § 1º do artigo anterior.

A leitura desse diminuto texto revela a *estreitíssima* dependência e vinculação do Ministério Público ao Poder Executivo.

Essa verdadeira *subordinação* fica bem visível, em primeiro lugar, porque a Seção VII se inseria no Capítulo do Poder Executivo e, ainda, porque a organização do Ministério Público da União dependia de lei de iniciativa do Presidente da República (art. 94).

A própria nomeação do Procurador-Geral da República era feita *diretamente* pelo Presidente, sem qualquer participação de outro Poder ou outra entidade. O mesmo ocorria em relação aos Ministérios Públicos Estaduais, quanto à iniciativa das leis estaduais que cuidassem de sua organização (art. 96). E, por simetria, os Governadores também nomeavam *diretamente* o Procurador-Geral de Justiça dos Estados. Os Procuradores-Gerais eram demissíveis *ad nutum*.

Finalmente – e este, como verificaremos mais adiante, é um dos laços mais difíceis de desfazer até hoje – foi dada aos Ministérios Públicos Estaduais a *representação judicial da União*, onde não houvesse seus representantes legais.

Foi por essa brecha legal que, diante de ausência de vedação expressa, muitos Ministérios Públicos autorizaram seus membros ao exercício da advocacia.

O texto examinado revela o que desde sempre se soube: o Executivo sempre quis encabrestar a Instituição. Sem condições políticas de colocar o Ministério Público sob uma subordinação direta e explícita, as amarras eram estabelecidas de modo mais sutil, isto é, consistiam em deixá-lo sem nenhuma autonomia administrativa, financeira e orçamentária e sem a menor possibilidade de exercer seu autogoverno: o *status real* do Ministério Público era o de um Ministério Federal ou de uma Secretaria de Estado.[10]

Tendo em mãos a "chave do cofre", o Presidente da República e os Governadores sabiam manipular esse poder e *conduzir* o Ministério Público à distância e veladamente. De outra banda, os Procuradores-Gerais jamais entravam em choque direto com o governo, pois eram pressionados pela classe para conseguir melhores vencimentos, situação especialmente dramática naqueles tempos (frequentes) de inflação alta. Buscando mesmo adivinhar o que os Chefes dos Poderes Executivos queriam, os Procuradores-Gerais, em regra, chefiavam o Ministério Público nessa direção, numa subserviência disfarçada e que não era exigida expressamente. Nem precisava ser.

---

[10] Durante muito tempo as promoções e remoções dos membros do Ministério Público eram feitas pelo Governador, com critérios estritamente políticos. Logo após a votação da lista tríplice pelo Conselho Superior do Ministério Público, os interessados corriam para acionar seus *padrinhos influentes*, que agiam junto ao Secretário da Justiça e, se possível, junto ao próprio Governador. Raramente o Chefe da Instituição tinha audiência com o Governador, que podia destituí-lo *ad nutum*. O Secretário da Justiça era quem concedia férias e licenças-prêmio aos promotores. No Estado de São Paulo, o Ministério Público era uma *unidade orçamentária* da Secretaria da Justiça (geralmente a que recebia a menor dotação orçamentária dentre todas as demais), ao lado da Procuradoria do Estado e da Junta Comercial. Ou seja, era uma miséria dividida entre miseráveis.

Tal vinculação, em verdade, era uma verdadeira *espada de Dâmocles* sobre o Ministério Público. Era o nó górdio que precisava ser desfeito. Era o *núcleo central* de onde irradiavam todas as questões ligadas à liberdade e autonomias da Instituição e dos seus membros.

Mas, àquela época, essa bandeira não podia ser desfraldada aos quatro ventos – era preciso uma conquista sub-reptícia, desenhar um verdadeiro *tromp-l'oeil* – uma ilusão de ótica, que ocultasse a verdadeira paisagem que estava por detrás do desenho. Sem tal artifício, a liberação institucional jamais ocorreria.

O Ministério Público, por outro lado, compreendeu que esse objetivo somente seria alcançado passo a passo.

2.3 Segue: os principais marcos iniciais do novo perfil do Ministério Público

O primeiro evento significativo em direção ao novo perfil do Ministério Público ocorreu em 1977, ano mais importante para o encerramento da ditadura militar, ocasião em que o então Presidente Ernesto Geisel *promulgou* a Emenda Constitucional n. 7, em 13 de abril desse ano (que fez parte do que se chamou o "Pacote de Abril")[11].

No que concerne ao Ministério Público, essa Emenda Constitucional alterou a antiga redação do art. 96, acrescentando-lhe um parágrafo:

> **Redação original**:
>
> Art. 96. O Ministério Público dos Estados será organizado em carreira, por lei estadual, observado o disposto no § 1º do artigo anterior.
>
> **Redação alterada**:
>
> Art. 96. O Ministério Público dos Estados será organizado em carreira, por lei estadual.

---

[11] O "Pacote de Abril" era o conjunto de 14 emendas e três artigos novos, mais seis decretos-leis.

> Parágrafo único. Lei complementar, de iniciativa do Presidente da República, *estabelecerá normas gerais* a serem adotadas na organização do Ministério Público Estadual, observado o disposto no § 1º do artigo anterior.

Os líderes da Instituição trabalharam muito para que esse texto constasse da Emenda Constitucional n. 7/1977, pois até então os Ministérios Públicos Estaduais eram uma verdadeira colcha de retalhos – cada um tinha sua própria organização, seu sistema de vencimentos, suas atribuições etc. Era preciso obter um mínimo de uniformidade – e alcançá-lo exigia uma certa *padronização*, que somente poderia ser feita por lei federal.

Depois da Emenda Constitucional n. 7/77, os líderes institucionais da época, fizeram inúmeras tentativas para que o Presidente da República enviasse ao Parlamento um projeto de Lei Nacional do Ministério Público – mas, todas falharam.

A real oportunidade surgiu quando o Deputado Federal por Minas Gerais, Ibrahim Abi-Ackel assumiu a Pasta da Justiça, ao mesmo tempo em que a Presidência do órgão nacional de classe, a Confederação das Associações Estaduais do Ministério Público – CAEMP, passava às mãos de um membro do Ministério Público mineiro: Joaquim Cabral Netto.

Devido a essa feliz conjuntura, finalmente o projeto é remetido ao Congresso Nacional e a Lei Orgânica Nacional é aprovada: a Lei-Complementar n. 40, de 14 de dezembro de 1981.

Em 1983 a CAEMP – cujo nome é modificado para CONAMP – Confederação Nacional do Ministério Público – dado que entidades de classe dos Ministérios Públicos da União (como o do Distrito Federal e do Trabalho, inicialmente) quiseram participar da entidade nacional – passa a ser presidida por São Paulo: a presidência ficou com Luiz Antonio Fleury Filho (que era presidente da Associação Paulista do Ministério Público), que me nomeou Secretário Executivo e Tesoureiro.

Neste ponto, duas vertentes fáticas devem ser recordadas.

A primeira foi o movimento classista (especialmente de São Paulo) para a aprovação da chamada Lei da Ação Civil Pública, em 24 de julho de 1985, que conferiu ao Ministério Público, embora não de forma exclusiva, a defesa de interesses sociais (que pertencem à sociedade ou grande porção dela e a ninguém em particular), como o meio ambiente, consumidor, bens de valor artístico, estético, histórico, turístico e paisagístico. Foi um enorme progresso e nova arma à disposição dos promotores.[12]

A segunda vertente, tendo por premissa a certeza da convocação de uma Assembleia Nacional Constituinte, é um segmento temporal que se estende até 1986, quando foi elaborada a "Carta de Curitiba".

Em 1983, efetivamente, tínhamos a plena noção que, apesar da Lei Nacional, o Ministério Público Brasileiro ainda não contava com uma ideologia institucional majoritariamente aceita pelos teóricos de seus vários segmentos. De regra, o Ministério Público era muito mal compreendido, até mesmo por seus integrantes. Era considerado muito mais um *emprego* que uma *vocação* para realizar de ideias institucionais. Os motivos determinantes da presença do Ministério Público nos autos judiciais eram bem pouco conhecidos, o que levava muitos segmentos ministeriais a atuarem em causas sem qualquer vinculação efetiva com o interesse público.[13]

Com tal diversidade e multiplicidade de entendimentos, de organização e de feições institucionais, em suma, sabíamos que nada

---

[12] Todavia, houve um veto presidencial (José Sarney) ao inciso que atribuía ao Ministério Público a tutela de "outros interesses difusos" – expressão pouco conhecida à época. Posteriormente os interesses difusos foram admitidos pela Constituição de 88. Foi emocionante o momento da aprovação da Lei pelo Parlamento: centenas de promotores presentes nas galerias do Congresso Nacional passaram a aplaudir os parlamentares. Estes, por sua vez, ficaram em pé e aplaudiram o Ministério Público.

[13] Exceção deve ser feita aos Ministérios Públicos do Rio Grande do Sul, do Paraná e do Rio de Janeiro. No Estado de São Paulo, os Grupos de Estudos Regionais se dedicavam à análise da atuação do Ministério Público nos mais diversos setores. Muitas vezes até a estrutura da Instituição era debatida. Importantíssima foi sua contribuição, com valiosas teses, que muito contribuíram para o amadurecimento institucional. Estudei muito essas teses.

conseguiríamos na Constituinte: cada Ministério Público estaria falando uma língua diferente.

Por essa razão, Fleury, então Presidente da CONAMP e eu, percorremos o Brasil inteiro, muitas vezes com uma equipe de Promotores Paulistas, para seminários e exposições, buscando elucidar e discutir a atuação ministerial na área jurisdicional e debater a própria organização institucional (então com excessiva concentração de poderes em mãos da Procuradoria-Geral, com poucas exceções). Ficamos conhecendo a realidade local dos diversos Ministérios Públicos – uma pobreza sem fim: ausência de meios e estruturas de trabalho, além de subserviência praticamente expressa ao Executivo. Depois de cada encontro, patrocinávamos pela nossa Associação Paulista do Ministério Público – APMP – a vinda dos colegas a São Paulo, para conhecer *in loco* nosso trabalho.

Nós, paulistas, também éramos paupérrimos. Éramos, por assim dizer, a *repartição pública* mais pobre do Planeta, com um único *funcionário*: o Promotor de Justiça. Mas, pelo menos, tínhamos uma consciência clara das razões de nossa atuação e um ideário excepcional, além de exercermos exemplarmente nossas funções.

Com essas viagens pelo Brasil, a própria CONAMP passou a ser mais conhecida e respeitada pela classe.

Em 1986, a CONAMP e o Conselho Nacional dos Procuradores-Gerais convocaram representantes dos Ministérios Públicos Estaduais e da União para um encontro na cidade de Curitiba: um convite para reflexões a respeito da Instituição e de debates sobre como deveria ser o seu perfil. O escopo era a elaboração um texto de consenso nacional e levá-lo à futura constituinte.

Foram longas e acirradas discussões, especialmente em torno da possibilidade de o promotor exercer a advocacia. Muitos Estados e o Ministério Público Federal tinham esse nefasto privilégio. Outra questão polêmica e fulcral foi sobre a representação judicial da Fazenda Pública pela Instituição.

O Ministério Público Federal não abriu mão da advocacia[14] – e os Ministérios Públicos Estaduais, por voto de grande maioria, aceitou a vedação.

Dessa forma, não sendo possível a harmonização total, a solução foi cuidar dos Ministérios Públicos Estaduais (com a proibição da advocacia – art. 7º) *separadamente* do Ministério Público da União (sem previsão de vedações), que continuaria a representar a União (art. 12).[15]

No dia 13 de abril de 1987 – exatamente dez anos depois da Emenda Constitucional n. 7, de 13 de abril de 1977 – pude realizar a primeira audiência pública na Constituinte, tendo a oportunidade de expor a ideologia do Ministério Público.

Nessa exposição pedíamos mais atribuições para a defesa da sociedade, sem vantagens corporativas. As garantias e vedações foram apresentadas como condições indispensáveis para o exercício independente das nossas competências. As autonomias do Ministério Público tinham por escopo proporcionar a efetiva defesa da ordem jurídica, do regime democrático e dos interesses sociais e individuais indisponíveis, sem íntima vinculação com os Poderes do Estado. Por trás dessas ideias queríamos – sem coragem de dizê-lo expressamente – um Ministério Público realmente independente.

Depois da minha fala, muitos constituintes presentes formularam perguntas ou se manifestaram a respeito do que eu dissera.[16] Quero destacar duas participações.

---

[14] Registre-se que o Procurador-Geral da República, à época, era Sepúlveda Pertence, depois Ministro do Supremo Tribunal Federal.

[15] A íntegra da Carta de Curitiba, bem assim um histórico completo dos acontecimentos durante a Assembleia Nacional Constituinte de 1988 podem ser encontrados no livro "Ministério Público – Vinte e cinco anos de novo perfil constitucional", da editora Malheiros e tendo por autores Antonio Araldo Ferraz Dal Pozzo, Walter Paulo Sabella e José Emmanuel Burle Filho.

[16] Nos livros citados há a íntegra da exposição e das intervenções dos constituintes.

A primeira é do Constituinte IBSEN PINHEIRO, nosso sustentáculo maior nas lutas da Constituinte de 88:[17]

> "(...) é extremamente saudável ver que uma Instituição comparece a esta primeira audiência pública munida única e exclusivamente do interesse público. Não traz, aqui, postulações de natureza corporativa. Ao contrário, vem reivindicar prerrogativas que significam, resumidamente, trabalho".

Ao arguto e perspicaz constituinte Nelson Jobim nossos ideais *separatistas* não passaram desapercebidos:

Partiria da constatação que demonstra com absoluta clareza a intenção da Confederação Nacional do Ministério Público, expressa no art. 1º de sua proposta de sugestão, de produzir uma ***inversão, de tal forma que órgãos, como o Ministério Público, não sejam vistos como braços e sim como braços da população no controle do Estado***. É de se observar que a Constituição de 1969, ao ter colocado o Ministério Público no Capítulo "Do Poder Executivo", estava colocando o braço do Poder sobre o cidadão. Na medida em que essa Confederação atribui ao Ministério Público a responsabilidade da defesa do regime democrático e do interesse público, velando pela observação da Constituição e da ordem jurídica, está mostrando a modernidade dessa posição, ***a fim de que o Estado sirva ao cidadão***. E o Estado fornecerá, através de seus órgãos, os braços para que o cidadão o domine. Esta observação impõe-se".

Era exatamente o que pretendíamos – desejávamos ser o braço armado do cidadão em face do Estado e dos seus órgãos de controle, até então ineficazes. Queríamos ser, permita-se a expressão, a mola propulsora desses mecanismos, a fim de que *eles funcionassem efetivamente* no combate às omissões, ao descaso, ao mau uso da máquina pública, aos

[17] Muito deve o Ministério Público Brasileiro ao então constituinte Ibsen Pinheiro, que era membro do Ministério Público do Rio Grande do Sul. Dotado de rara inteligência e de notável capacidade de articulação, fez de seu gabinete o escritório da CONAMP. Lutas memoráveis travamos juntos. Lado a lado, enfrentamos movimentos contrários, como o *Centrão*. Felizmente, vencemos.

desvios de recursos da Fazenda, às infrações ao regime democrático e assim por diante.[18]

2.4 Segue: o Ministério Público e Constituição Federal de 1988

A saga do Ministério Público na constituinte pode ser lida em obra já referida ("Ministério Público – Vinte e cinco anos do novo perfil Constitucional").

Felizmente, o texto do Ministério Público na Constituição Federal de 1988 (texto original) atendia a *todos* os nossos anseios, embora uma determinada norma me deixasse, pessoalmente, muito preocupado pelo futuro da Instituição. Depois compartilhei esses temores com meus colegas próximos e eles concordaram comigo. Dentro em breve veremos que o momento presente confirma a correção de meus sentimentos àquele tempo.

A estrondosa vitória da Instituição (cujo texto constitucional era – e talvez ainda seja – o mais avançado do mundo) criou uma expectativa enorme no Congresso Nacional, uma atitude hesitante por parte dos Poderes Executivos, um sentimento de perplexidade nos diversos setores do Poder Judiciário e uma grande esperança por parte da população mais consciente. Tudo maximizado pela medida.

Explico.

Voltando um pouco na linha do tempo, ou seja, no começo dos anos oitenta, havia um denominador comum a todos os segmentos da

---

[18] Eu estava realmente convencido que uma sociedade teria uma melhor qualidade de vida se os mecanismos estatais de controle dos poderes funcionarem de verdade. Controles que deveriam ser repartidos e jamais concentrados. A concentração ou traz abusos ou completa omissão. Hoje verifico que tinha razão: são os controles internos, por exemplo, que permitem aos Estados Unidos suportar um Presidente como Donald Trump. Ou que permitem que a novela do BREXIT se prolongue sem desmoronamento do *United Kingdom* (UK). A ausência desses controles efetivos e a inércia quase absoluta dos que existem é que deixam os países da América do Sul em eterna crise econômica e política. E permitiram que o Brasil fosse verdadeiramente *assaltado* pelos donos do PT.

sociedade brasileira: o Brasil tinha pressa. Muita! Os políticos, as corporações, as instituições, a própria Igreja e incontáveis movimentos populares de todos os matizes e ideologias estavam com pressa. Com pressa de enterrar para sempre o assim chamado "entulho autoritário", isto é, um ordenamento jurídico gerado no seio de um Estado de Polícia – ou quase Absoluto – com todos os seus nefastos efeitos jurídicos. Entulho produzido pela Ditadura Militar.

Penso que a reação ao autoritarismo teve seu começo com o movimento que foi chamado "Diretas Já", lançado em 1983, pelo então Senador de Alagoas, Teotônio Vilela, na Rede Bandeirantes de Televisão – programa "Canal Livre". Esse movimento civil rapidamente se espraiou por todo o País, a favor de eleições diretas para a Presidência da República e desembocou na emenda Constitucional que recebeu o nome de seu propositor, Dante de Oliveira – mas que foi rejeitada, pela intervenção autoritária dos militares, frustrando o movimento e o povo. Porém, a mobilização não se deteve, mesmo diante de medidas ditatoriais do governo militar. Os brasileiros também estavam extremamente preocupados e assustados com uma inflação galopante (taxa de 239% em 1983) e uma profunda recessão.

Nesse clima não foi difícil incentivar a mobilização popular, liderada por muitos políticos da época, dentre os quais teve papel preponderante Ulisses Guimarães – o "Senhor Diretas-Já".[19]

Talvez o primeiro clarão de liberdade tenha ocorrido com a eleição de Tancredo Neves para Presidente da República e José Sarney para Vice-presidente, embora pelo Colégio Eleitoral e não por eleições diretas.

Durante sua campanha eleitoral, Tancredo Neves prometeu a convocação de uma Assembleia Nacional Constituinte. Tancredo morreu prematuramente e José Sarney assume a Presidência.

Em 8 de maio de 1985 é aprovada Emenda Constitucional que estabeleceu eleições diretas para Presidente da República, Governadores e Prefeitos Municipais, inclusive com o voto dos analfabetos.

---

[19] Sem celular e redes sociais.

Pouco mais tarde, as Mesas da Câmara dos Deputados e do Senado Federal promulgaram a Emenda Constitucional n. 26, de 27 de novembro de 1985, pela qual convocam a Assembleia Nacional Constituinte, com base no então art. 49 da Constituição Federal, a qual se reuniria a partir do dia 1º de fevereiro de 1987 (art. 1º). O Presidente da Mesa da Câmara dos Deputados era ULISSES GUIMARÃES e do Senado Federal, JOSÉ FRAGELLI. Portanto, os Deputados Federais e Senadores que se elegessem para exercer mandatos em 1987 formariam o Congresso Constituinte e uma vez promulgada a Constituição Federal, prosseguiriam com seus mandatos até o final.[20]

Ora, nesse clima de mudanças e de novos tempos, a classe política – como se dizia na época – conferiu um *cheque em branco* ao Ministério Público e esperava sua atuação de forma independente do Executivo, integrado na defesa da sociedade e tendo por baliza intransponível a estrita legalidade.

Já o Poder Judiciário, que inicialmente se postou frontalmente contra o ideário institucional, aos poucos foi arrefecendo seus impulsos por intervenção de representantes mais conscientes, mas sem esconder certo espanto.[21]

Por fim, as pessoas começavam a despertar de uma letargia induzida pela Ditadura Militar e, se o Ministério Público não correspondesse às suas esperanças, perderia a confiabilidade e poderia se sufocar.

Nesse ambiente, o Ministério Público ganhou vitalidade. Ganhou entusiasmo, embalado pela vitória sem precedentes na constituinte de 88.

Essa conjugação de fatores, contudo, trariam problemas.

---

[20] Havia setores da sociedade que queriam uma Constituinte Exclusiva – após a promulgação, eles deixariam o mandato.

[21] Refiro-me expressamente ao Desembargador Odyr José Pinto Porto, que esteve ao nosso lado, para mútuo apoio às nossas respectivas propostas.

2.5 O Ministério Público em seu novo perfil constitucional – quadro sinótico

A configuração do Ministério Público no texto original da Constituição Federal de 1988 merece – ainda que superficialmente – uma visão de conjunto.

De pronto se registre que ele ficou inserido no Título IV – "Da Organização dos Poderes" – e no Capítulo IV – "Das funções essenciais à Justiça" – fora, pois da regulamentação dos três poderes. Por essa razão muitos doutrinadores consideraram o Ministério Público na Constituição Federal de 1988 um organismo estatal independente.[22]

Podemos decompor esse Capítulo nos seguintes subtemas:

a) Conceito

Pela primeira vez uma Constituição Federal Brasileira traz o conceito do Ministério Público: "instituição permanente, essencial à função jurisdicional do Estado, incumbindo-lhe a defesa da ordem jurídica, do regime democrático e dos interesses sociais e individuais indisponíveis" (Art. 127, *caput*).

O conceito abrange as duas grandes áreas de atuação do Ministério Público: a área em que atua perante a função jurisdicional do Estado e a área extrajudicial da defesa da sociedade. Sua missão institucional é a tutela:

(i) *Da ordem jurídica* (defesa da ordem constitucional e infraconstitucional);

(ii) *Dos fundamentos do regime democrático* (elencados no art. 1º: a soberania nacional; a cidadania; a dignidade da pessoa humana, os valores sociais do trabalho e da livre iniciativa; o pluralismo político e, de acordo

---

[22] Para mim, um Quarto Poder do Estado, na medida em que pode dar a última palavra quanto a um direito de que o Estado é titular – o *jus puniendi*. Com efeito, o Procurador-Geral pode encerrar uma investigação e agir em nome do Estado para declarar inexistente esse direito de punir. Não há como submeter essa decisão ao Poder Judiciário – o que significa que ela é fruto do exercício de uma parcela da soberania pelo Ministério Público.

com o parágrafo único, garantir que todo poder emane do povo, que o exerce por meio de representantes eleitos ou diretamente, nos termos constitucionais);

(iii) *Dos interesses sociais* (aqueles que pertencem à uma expressiva porção da sociedade)[23] e

(iv) *Dos interesses individuais indisponíveis* que são de duas espécies: a) os absolutamente indisponíveis, isto é, aqueles cujos titulares não podem dispor – como os direitos da personalidade, da vida, do nome, o estado etc. e (b) os relativamente indisponíveis, ou seja, aqueles que para haver disposição é preciso um prévio controle estatal (como a venda de bens de menores e incapazes, sujeita ao controle do Ministério Público e do Poder Judiciário).

Não houve referência direta ao *interesse público*. Porém, é evidente que a exegese sistemática do texto nos leva a concluir que sua defesa está implicitamente contida na missão institucional do Ministério Público, como unanimemente se tem reconhecido em doutrina e até mesmo pelo direito positivo infraconstitucional.

b) Organização Nacional (art. 128)

(i) <u>Ministério Público da União</u>, que compreende:

1. O Ministério Público Federal;
2. O Ministério Público do Trabalho;
3. O Ministério Público Militar;
4. O Ministério Público do Distrito Federal e Territórios; [24]

---

[23] Entendemos que há uma distinção entre o interesse social e o interesse público. O interesse social é aquele que é comum a um grupo significativo de pessoas da coletividade – são interesses individuais de importância coletiva, na feliz expressão de Renato Alessi (in "Razão de ser de uma Teoria das Prestações Administrativas aos Particulares" - Milano Dott. A. Giuffrè Editores, 1956). O interesse público é o interesse social prevalente, isto é, aquele que se impõe em face de outros interesses sociais e mesmo a interesses individuais Idem).

[24] A supressão, no rol dos segmentos, do Ministério Público junto aos Tribunais de Contas emperrou a votação do texto em Plenário (foram cinco sessões!). No quinto dia fui

(ii) Os Ministérios Públicos dos Estados.

O critério dessa classificação diz respeito principalmente à Fazenda Pública que custeia cada um dos seus segmentos.

c) Nomeação do Procurador-Geral (art. 128, §§ 1º 3º)

Foram admitidos dois sistemas:

1. Para o Ministério Público da União a Chefia cabe ao Procurador-Geral da República, nomeado pelo Presidente da República dentre integrantes da carreira, maiores de trinta e cinco anos, após a aprovação de seu nome pela maioria absoluta dos membros do Senado Federal, para mandato de dois anos, permitida a recondução.

2. Para o Ministério Público dos Estados e do Distrito Federal e Territórios a Chefia cabe ao Procurador-Geral de Justiça, para cuja nomeação será formada uma lista tríplice dentre integrantes da carreira, na forma da lei respectiva, para nomeação pelo Chefe do Poder Executivo respectivo, para mandato de dois anos, permitida uma recondução.

Buscamos eliminar essa diversidade de sistemas, mas a Presidência da República interferiu e conseguiu manter a indicação do Procurador-Geral da República independentemente de lista tríplice (pelo menos conseguimos a submissão do nome ao Senado Federal).

Na verdade, queríamos mais: que feita a lista tríplice o Colégio de Procuradores escolhesse e nomeasse o Chefe da Instituição. Mas, acho que era demais, mesmo para aqueles tempos.

d) Mandato por dois anos e destituição do Procurador-Geral

A Constituição Federal se vale da expressão "mandato" do Procurador-Geral da União e dos Estados (art. 128, §§ 2º e 4º) mas, na

---

chamado no Gabinete da Liderança do PMDB (o partido era liderado por Mário Covas) e numa máquina de escrever que estava no corredor daquelas dependências escrevi o que ficou sendo o art. 130 do texto original: "Aos membros do Ministério Público junto aos Tribunais de Contas aplicam-se as disposições desta seção, pertinentes aos direitos, vedações e forma de investidura". E, então, o texto foi aprovado, com apenas onze votos contrários!

verdade, não usa o termo em sua acepção técnico-jurídica, pois trata-se de investidura a termo certo, pois mandato implica representação, que não é o caso. Contudo, foi uma fundamental garantia conquistada porque antes da Constituição Federal o Procurador-Geral podia ser demitido *ad nutum*, ou seja, mediante simples ato de exoneração pelo Poder Executivo. Com investidura a termo certo, por dois anos, a destituição somente pode ocorrer após processo que se assemelha ao *impeachment*:

Art. 128. (*omissis*)

§ 2º A destituição do Procurador-Geral da República, por iniciativa do Presidente da República, deverá ser precedida de autorização da maioria absoluta do Senado Federal.

§ 4º Os Procuradores-Gerais nos Estados e no Distrito Federal e Territórios poderão ser destituídos por deliberação da maioria absoluta do Poder Legislativo, na forma da lei complementar respectiva.

e) Garantias da Instituição

As garantias conferidas à Instituição:

(i) Autonomia funcional (não interferência de nenhum poder ou órgão do Estado – art. 127, § 2º);

(ii) Autonomia administrativa (não ingerência em sua estrutura interna – art. 127, § 2º);

(iii) Iniciativa de leis conferida aos Procuradores-Gerais (art. 128, § 5º) para criação e extinção de seus cargos e serviços auxiliares (art. 127, § 2º);

(iv) Provimento dos seus cargos e dos seus serviços auxiliares (art. 127, § 2º);

(v) Elaboração de sua proposta orçamentária (art. 127, § 3º).

Essas garantias institucionais são autoexplicativas.

f) Garantias e vedações aos membros do Ministério Público

(i) Garantias:

1. Vitaliciedade após dois anos de exercício, não podendo perder o cargo senão por sentença judicial transitada em julgado (anteriormente bastava um processo administrativo para a demissão do promotor; com a vitaliciedade ficou necessário um processo judicial);

2. Inamovibilidade, salvo por motivo de interesse público, mediante decisão do órgão colegiado competente do Ministério Público, por voto de dois terços de seus membros, assegurada ampla defesa (porém, como veremos, a inamovibilidade somente é efetiva quando o promotor ocupa um cargo, com denominação própria e atribuições específicas);

3. Irredutibilidade de vencimentos, observado, quanto à remuneração, o que dispõem os arts. 37, XI, 150, II, 153, III, 153, § 2º, I;

4. Ingresso na carreira mediante concurso público de provas e títulos, assegurada participação da Ordem dos Advogados do Brasil em sua realização, e observada, nas nomeações, a ordem de classificação (art. 129, § 3º);

5. Exercício privativo de suas funções pelos integrantes da carreira (art. 129, § 2º – proibição de nomeação Promotor *ad hoc*, como às vezes ocorria).

(ii) Vedações:

1. Receber, a qualquer título e sob qualquer pretexto, honorários, percentagens ou custas processuais;

2. Exercer a advocacia;

3. Participar de sociedade comercial, na forma da lei;

4. Exercer, ainda que em disponibilidade, qualquer outra função pública, salvo uma de magistério;

5. Exercer atividade político-partidária, salvo exceções previstas na lei.[25]

[25] O art. 29 do Ato das Disposições Transitórias da Constituição Federal dizia: "§ 3º

g) Funções instrucionais – art. 129

Art. 129. São funções institucionais do Ministério Público:

I – Promover, privativamente, a ação penal pública, na forma da lei;

II – Zelar pelo efetivo respeito dos Poderes Públicos e dos serviços de relevância pública aos direitos assegurados nesta Constituição, promovendo as medidas necessárias à sua garantia;

III – Promover o inquérito civil e a ação civil pública, para a proteção do patrimônio público e social, do meio ambiente e de outros interesses difusos e coletivos;

IV – Promover a ação de inconstitucionalidade ou representação para fins de intervenção da União e dos Estados, nos casos previstos nesta Constituição;

V – Defender judicialmente os direitos e interesses das populações indígenas;

VI – Expedir notificações nos procedimentos administrativos de sua competência, requisitando informações e documentos para instruí-los, na forma da lei complementar respectiva;

VII – Exercer o controle externo da atividade policial, na forma da lei complementar mencionada no artigo anterior;

VIII – Requisitar diligências investigatórias e a instauração de inquérito policial, indicados os fundamentos jurídicos de suas manifestações processuais;

IX – Exercer outras funções que lhe forem conferidas, desde que compatíveis com sua finalidade, sendo-lhe vedada a representação judicial e a consultoria jurídica de entidades públicas.

Poderá optar pelo regime anterior, no que respeita às garantias e vantagens, o membro do Ministério Público admitido antes da promulgação da Constituição, observando-se, quanto às vedações, a situação jurídica na data desta" – o que garantia o exercício dos mandatos de Deputado Federal e de Senador da República aos trinta e seis constituintes que eram membros do Ministério Público.

Sobre essas funções destacarei, mais adiante, as do inciso II, III e IX que, segundo penso, têm estreita conotação com o tema destas reflexões.

CAPÍTULO III

CONSTRUINDO UM NOVO MODELO DE MINISTÉRIO PÚBLICO PAULISTA

3.1 Anunciando as bases ideológicas de um novo modelo de Ministério Público em São Paulo – implantação de reformas anunciadas

Em 17 de janeiro de 1990 tomei posse no cargo de Procurador--Geral de Justiça do Estado de São Paulo, após, como já dito, ter me dedicado de corpo e alma às constituintes nacional e estadual.

Logo depois de empossado e durante seis meses eu me reuni com minha assessoria – formada por colegas da mais alta capacidade profissional – para uma revisão institucional à luz da ideologia que implantáramos na Constituição Federal de 88 e das peculiaridades do nosso Estado.

Os temas dessas reuniões foram mantidos em absoluto sigilo.

A seguir, designei uma reunião de *todo* o Ministério Público Paulista na sede do Memorial da América Latina, em 20 de outubro de 1990, quando tive a oportunidade de anunciar as "Propostas de Modificações na Estrutura e Forma de Atuação do Ministério Público".[26]

[26] Posteriormente a Associação Paulista do Ministério Público publicou na íntegra esse pronunciamento, nos "Cadernos – Temas Institucionais", em dezembro de 1990.

Dentre inúmeras considerações preliminares, destaco a frase que talvez as resuma:

> "(...) Com esses instrumentos podemos alterar a realidade e terminar com o faz-de-conta da Justiça Criminal, aliás, problema prioritário, fundamental do Ministério Público. O zelo pela observância dos direitos assegurados ao cidadão pela norma constitucional foi entendido pelos representantes da nação brasileira no Congresso Constituinte como atividade fundamental ao asseguramento da democracia e da vivificação de preceitos que outrora jamais saíram do papel. Nesses dois campos fundamentais – a Justiça Criminal e a defesa dos direitos constitucionais do cidadão – está a essência, a atividade própria e indelegável do Ministério Público. Toda a área remanescente de nossa atuação decorre de uma necessidade conjuntural de um País de terceiro mundo. O Ministério Público deve ser a alavanca da democracia."

Depois dessas colocações iniciais, passei a abordar três questões gerais, como pontos de partida:

(i) Questões decorrentes da estrutura da carreira então vigente;

(ii) Ausência de políticas públicas que definam diretrizes, objetivos e prioridades institucionais;

(iii) Questões relacionadas com a disponibilidade orçamentária e de estruturas de serviço de apoio.

No que tange à primeira delas, isto é, à estrutura da carreira, várias eram as necessidades de mudança: (a) o concurso de ingresso (descompasso entre a matéria exigida e as que seriam utilizadas pelos futuro promotor); (b) Curso de Adaptação dos Promotores Substitutos (dar enfoque eminentemente prático, pois os recém-ingressados tinham acabado de enfrentar a teoria para os exames); (c) Sistema de Estágio (não mais nomeações por indicações aleatórias, mas por concurso e cargo remunerado); (d) Comprometimento da autonomia do Promotor (ele ia perdendo sua autonomia à medida que ascendia na carreira – faltavam centenas de cargos fixos nos degraus finais, deixando um excessivo poder de designação concentrado em mãos do Procurador-Geral; até mesmo os

Procuradores de Justiça não tinham cargos fixos); (e) falta de entrosamento entre os promotores (atuações isoladas e somente no Fórum).

A ausência de política pública definidora de diretrizes, objetivos e prioridades institucionais impedia que o Ministério Público exercesse a sua dimensão de liberdade.[27] Era preciso gerar a *vontade institucional*.[28]

No que diz respeito ao orçamento, demonstrei que, em 1990, a despesa com pessoal destinava 90% para os promotores e 10% para os nossos servidores, sendo muito reduzida, a verba para expansão. Anunciei que havia enviado um projeto de lei orçamentária, para 1991, com um salto de 416,64% em relação à verba orçamentária de 1990 (1,56% do orçamento do Estado).

Ainda pude esclarecer que contávamos – para todo o Ministério Público – com 48 servidores próprios e 571 *emprestados* de outros setores do Estado (normalmente por pedidos políticos), que à época recebiam um salário médio de Cr$ 39.000,00. Anunciei o envio de projeto de lei com a criação de 2.250 funcionários, com salário médio de Cr$ 44.200,00.

Por fim, expliquei que seriam instituídas as Procuradorias e as Promotorias de Justiça.

Resumi os objetivos a serem alcançados:

(i) A instituição do sistema de Procuradorias e Promotorias de Justiça, com especial atenção para que seja atribuída aos membros do Ministério Público efetiva e verdadeira autonomia funcional;

---

[27] Em seu livro já citado, Ortega aponta para as duas dimensões do homem: a dimensão de fatalidade que consiste em tudo aquilo que ele recebe ao nascer: seus pais, sua cor, seu *estatus* social, sua inteligência etc.; a dimensão de liberdade consiste na autonomia para realizar a própria vida.

[28] Alguns se postaram contra essa ideia ao argumento que feria a independência funcional. Mas, estavam equivocados. A independência funcional não significa uma licenciosidade para o exercício das funções. O Promotor deve obedecer às regras administrativas que lhes são impostas: horário e local de trabalho, forma de se apresentar, conduta social etc. Sua independência funcional se limita tão-somente à sua atuação *processual*: nesse momento ele é absolutamente livre para interpretar as leis e seguir os ditames de sua consciência. Mas, fora dos autos, ele tem que aderir e obedecer às prioridades da instituição, definidas na vontade institucional (art. 119, XIX da Lei Orgânica Estadual).

(ii) A implantação de uma metodologia de trabalho fundada em planos de diretrizes e objetivos institucionais prioritários e em programas concretos de atuação;

(iii) A execução de um orçamento que alteraria a realidade da estrutura material das Procuradorias e Promotorias de Justiça;

(iv) A admissão de servidores diretos paras as Procuradorias e Promotorias, que multipliquem a força de trabalho dos Procuradores e Promotores;

(v) O recrutamento de estagiários remunerados para as Promotorias e Procuradorias, organizados num sistema que aproveita seu potencial e aumente a eficiência de nossa atuação;

Nessa linha conceitual e estrutural, segundo entendia, encontraríamos mecanismos aptos e flexíveis para tornar realidade alguns objetivos fundamentais:

a) Projetar o Promotor de Justiça para além dos limites do seu Gabinete, transformando-o de Promotor do Fórum em Promotor da comunidade;

b) Racionalizar e facilitar a atividade processual com acentuada melhoria de eficiência;

c) Buscar a realização de objetivos institucionais definidos pelo Ministério Público, deixando este de agir apenas por estímulos externos;

d) Criar mecanismos de integração para a atuação dos Promotores da mesma Comarca, de Comarcas diversas e entre Promotores e Procuradores de Justiça, especialmente nas áreas em que a criminalidade se apresenta organizada e violenta.

Após esse importante evento iniciou-se um período de trabalho intenso para a implantação das reformas.

Então eu e minha assessoria percorremos todo o Interior do Estado, realizando encontros em: Presidente Prudente (26/10); São José do Rio Preto (08/11); Ribeirão Preto (09/11); Taubaté (14/11); Campinas (19/11)

Santos (21/11); Sorocaba (22/11); Bauru (23/11); São Paulo (promotores com atuação na área cível – 29/11) e São Paulo (área criminal – 30/11).

Procurei explicar em pormenores como deveria ser e funcionar uma Promotoria de Justiça. Aos promotores era difícil entender a mudança de hábitos funcionais. Isolado em sua redoma, o promotor tinha dificuldade de entrosamento com os colegas. Não foi fácil entender os limites traçados pela independência funcional e as atividades administrativas da Promotoria: a separação entre a atividade-meio e a atividade-fim. Buscar maior racionalidade na divisão de trabalho da comarca. Os livros obrigatórios e o cargo de Secretário da Promotoria. Como gerir os recursos humanos que seriam destinados a ela e assim por diante.

Para auxiliar as implantações criei um Centro de Apoio junto à Procuradoria-Geral.

Permaneci na Procuradoria-Geral por dois mandatos (17-01-1990 a 16-01-1992 e 24-01-1992 a 18-12-1993). Quando me aposentei, poucos dias antes do final de meu segundo mandato, já haviam sido implantadas 188 Promotorias de Justiça no Interior e 26 na Capital. Em andamento, 25 e 15, respectivamente. Sem início de implantação, também respectivamente, 68 e 11). Também havíamos entregue – eu, minha assessoria e a Diretoria Geral – uma estrutura física muito satisfatória, sobre a qual falarei adiante.

3.2 A Lei Complementar n. 734, de 26 de novembro de 1993 – Lei Orgânica do Ministério Público do Estado de São Paulo

De minha iniciativa, com a ajuda dos assessores, o projeto de Lei Orgânica, foi sancionado como a Lei Complementar n. 734, em 26 de novembro de 1993.

Nela buscamos inserir todos pontos do novo modelo e então as ideias se transforaram em regras jurídicas: ficaram positivadas. A visão sistemática dessa Lei Complementar revela uma nova metodologia de atuação funcional, nova organização da Administração Superior do Ministério Público e dos órgãos de execução, além de novo regime jurídico dos membros da Instituição, para ficarmos nos tópicos talvez mais relevantes.

Registro apenas o tratamento dispensado pela Lei a dois princípios importantes: (a) o princípio da inamovibilidade e (b) o princípio da recorribilidade de duas decisões administrativas – (b.1.) a instauração do inquérito civil e o (b.2.) o arquivamento na esfera criminal determinado pelo Procurador-Geral.

Vejamos.

a) Respeito ao princípio da inamovibilidade

A inamovibilidade tem ao menos duas faces: a não retirada do membro de Ministério Público de seu cargo (salvo por motivo de interesse público, mediante decisão do órgão colegiado competente do Ministério Público, por voto de dois terços de seus membros, assegurada ampla defesa) e a não designação de promotor para exercer atribuições que, pela lei, seriam de outro.

Contudo, a inamovibilidade, para ter eficácia real, tem por pressuposto a investidura do promotor num determinado cargo, isto é, criado por lei, com denominação e atribuições próprias. Depois da investidura (a chamada investidura *derivada*, por promoção ou remoção, nos sucessivos degraus da carreira) o promotor será efetivamente inamovível (salvo por interesse público, como diz a lei) e sua competência será intocável.

Mas, a situação do Ministério Público Paulista era, sob esse aspecto, bem esdrúxula.

No começo da carreira (investidura em cargos de primeira instância no Interior) a inamovibilidade do promotor era absoluta e com absoluta liberdade podia agir. Porém, chegando à Capital (então única comarca de entrância especial), essa situação poderia se alterar, pela inexistência de cargos fixos para todos os promotores. Promovido ao cargo de Procurador de Justiça, sua situação era ainda mais instável: iria oficiar na área que o Procurador-Geral designasse – não havia cargos fixos de Procurador de Justiça. Essa situação, no fundo, era desejada pelo

Poder Executivo, que contava com a boa vontade *voluntária* do Chefe da Instituição para as chamadas designações *delicadas*, como para oficiar em mandado de segurança e ação popular: sequer havia cargo criado por lei para tais ações. Também no Tribunal do Júri não havia cargos e os promotores eram apenas designados.

Esse poder de designação não se justificava. À época, na Capital, levando em conta as Promotorias Criminais Centrais, a Promotoria Militar, de Execuções. Cíveis, Distritais, Regionais, do Tribunal do Júri, havia um total de 222 titulares (cargos fixos) e 249 cargos para designação: esses promotores eram chamados "jacarés", pois não tinham cadeira fixa para se sentarem.

Dessa maneira, o Procurador-Geral dispunha (equivocadamente, a meu ver) de enorme *poder* de *designação*, organizando o quadro funcional a seu bel prazer.

No final de meu segundo mandato praticamente *todos* os postos de trabalho eram cargos fixos e o respeito à inamovibilidade passou a ser absoluto. Para tanto, basta conferir as "Disposições Finais e Transitórias da Lei Complementar Paulista n. 734, de 26 de novembro de 1933.

b) Recorribilidade de duas importantes decisões administrativas do membro de Ministério Público

Nesse setor, duas foram as novidades introduzidas pela Lei Orgânica Estadual:

(b.1.) Recurso contra ato de instauração de inquérito civil, dirigido ao Conselho Superior do Ministério Público (art. 108);[29]

(b.2.) Recurso ao Colégio de Procuradores (art. 117) a ser interposto pela parte interessada, contra ato do Procurador-Geral que determinasse o arquivamento de inquérito policial ou de peças de informação criminal, em ações penais de sua atribuição.

[29] Alguns promotores representaram ao Procurador-Geral da República para que este arguisse a inconstitucionalidade da norma, o que foi feito, mas sem obtenção de liminar e matéria até hoje não decidida. A questão será abordada adiante.

Nunca acreditei em juízo monocrático (ainda que administrativo) irrecorrível. Essa decisão irrecorrível está mais para o absolutismo que para a democracia. De outro lado, buscava seguir a orientação constitucional pela expressa adoção do princípio da ampla defesa, do contraditório e da recorribilidade das decisões judiciais e administrativas (art. 5º), LV da Constituição Federal.[30]

Todavia, devo reconhecer que o recurso contra ato de instauração de inquérito civil foi tímido e poucos resultados trouxe, uma vez que o interessado dispõe apenas de cinco dias para interpor sua irresignação, prazo esse muito exíguo para uma defesa de mérito e de uma Portaria quase sempre genérica, imprecisa, ficando o recorrente apenas com o difícil argumento de *falta de justa causa.* Adiante faço outras colocações, baseado em minha experiência advocatícia.

3.3 Prestando contas

Por fim, e espero sinceramente que este tópico não seja considerado cabotinismo de minha parte, mas um dado da história que revisito e que acho importante, pela pouca distância no tempo em que tudo ocorreu. No final de meu segundo mandato, prestei contas à classe das minhas duas gestões, com uma publicação da própria Procuradoria-Geral, chamada "1990-1993 – Um Relatório de Reformas", do qual destaco alguns pontos principais:

(a) Orçamento

O orçamento do Ministério Público de 1990 foi de US$ 66.900.00,00. O orçamento elaborado em minha gestão (1990) para o ano de 1991 foi de US$ 142.000.000,00 – acréscimo de 103,14%.[31]

---

[30] Pela mesma razão, lutei muito para inserir a garantia da promoção da ação criminal pelo legitimamente interessado, caso o Ministério Público não ajuíze a ação penal pública no prazo – art. 5º, LIX – "será admitida ação privada nos crimes de ação pública, se esta não for intentada no prazo legal".

[31] À época, fizemos a conversão porque a moeda nacional não era e nem é um padrão confiável.

Esse acréscimo era justificado e necessário, pois a estrutura física do Ministério Público era praticamente nenhuma. Somente para se ter uma ideia concreta, eis um quadro comparativo:

ITENS	1990	SETEMBRO DE 1993
Supermicros	NIHIL	02
Microcomputadores	09	267
Impressoras	05	275
Veículos diversos	41	77
Fax	NIHIL	35
Linhas telefônicas	471	716
Fotocopiadoras	17	54
Área ocupada (m^2)	13.953	30871 *

(b) Criação das Regiões Administrativas do Ministério Público

Para facilitar a logística de distribuição de material para os Promotores do Interior, foram criadas as Regiões Administrativas do Ministério Público, com adequada sede em cada uma delas: São José do Rio Preto; Ribeirão Preto; Presidente Prudente; Bauru; Sorocaba; Campinas; Taubaté; Osasco; Santo André; Santos e mantida a da Capital, obviamente.

(c) Cargos auxiliares criados pela Lei n.7.000, de 27 de dezembro de 1990

DENOMINAÇÃO DAS CLASSES	QUANTIDADE
Assessor Técnico de Gabinete	09
Cargos de Assistentes (gabinete, promotoria, direção)	107
Cargos de Direção (técnico de Departamento, de Divisão, de Serviço)	25
Cargos de Nível Superior *	60
Cargos Oficiais (Oficial de Promotoria Chefe -129- e Oficial de Promotoria – 1.495	1.624
Motoristas	70
Auxiliares (De Promotoria- Chefe, encarregado)	355
TOTAL	2.250

*Cargos de Nível Superior: Agente de Promotoria (30); Administrador (05); Economista (05), Médico (05); Psicólogo (05) Assistente Social (05) Bibliotecário (05).

Com uma nova estrutura física e com serviços auxiliares adequados (e, à época, com os mesmos vencimentos de cargos semelhantes do Poder Judiciário), o Ministério Público pôde apresentar uma nova cara.

Muitas Promotorias Públicas saíram do Fórum e foram para imóveis locados, onde desfrutavam de maior liberdade e de menos atropelo para trabalhar.

Na cidade de Ribeirão Preto, aproveitamos a oportunidade da construção de novos fóruns pelo Judiciário, em terreno municipal, para edificar um prédio do Ministério Público. Deixamos outros encaminhados.

Na Capital, as Promotorias Criminais, no ultrapassado Fórum Criminal (Hely Lopes Meirelles) trabalhavam até sob escadarias. Alugamos um prédio na rua Asdrúbal Nascimento e todos passaram a ter gabinetes condignos.

Depois, com a construção do Fórum Criminal da Barra Funda (desapropriação de hospital projetado pela Santa Casa de São Paulo), discutimos a melhor localização possível das Promotorias Criminais.

CAPÍTULO IV

O MINISTÉRIO PÚBLICO EM TEMPOS DE CRISE

4.1 A crise na ordem do dia

Ortega Y Gasset escreve: "Não sei por que costumamos entender a palavra "crise" com uma significação triste; crise não é senão mudança intensa e profunda; pode ser mudança para pior, mas também mudança para melhor (...)". [32]

A palavra "crise", de qualquer maneira, está na ordem do dia do mundo inteiro que, atônito, não sabe qual dos pratos da balança do destino irá pesar mais – se para melhor ou se para pior.

Se voltarmos nossa atenção para a América do Sul, o quadro é preocupante.

Todavia, escrever sobre os acontecimentos no Brasil e na América do Sul (e mesmo mundiais) é como retratar o passado, pois a cada dia, tudo muda. É como olhar o céu estrelado e pensar que ele é o presente – na verdade é a projeção de um passado remoto. Estrelas que vemos

---

[32] GASSET, José Ortega. *O que é Filosofia?*. Rio de Janeiro: Livro íbero-americano ltda, 1984, p. 40.

brilhar podem ter morrido há milênios. A Argentina, a Venezuela, o Chile, o Peru e a Bolívia estão nas manchetes, diariamente.

Desse ambiente de grandes revoltas e manifestações populares, o Brasil não escapou e ainda as apresenta - como as que, neste momento em que escrevo - são pró e contra a soltura do ex-Presidente Lula, graças a uma nova orientação do Supremo Tribunal Federal, que anteriormente permitia o começo da execução da pena após o réu ser condenado em Segunda Instância e agora entende que a prisão somente pode ocorrer após o trânsito em julgado, isto é, esgotados todos os recursos cabíveis.[33]

Quando tomei posse pela segunda vez no cargo de Procurador-Geral de Justiça, em 24 de janeiro de 1992, fiz um discurso em que analisei o pensamento de Ortega Y Gasset sobre as "opiniões reinantes" na sociedade, cuja característica é a de que elas prescindem de justificativas. Elas têm vigência real e determinam muitos aspectos de nossa vida privada. Ortega chama esse poder da coletividade de "poder público" e conclui: o exercício do "poder público" supõe sempre uma opinião pública reinante a sustentá-lo. E prossegue, esclarecendo que quando isso não ocorre, é porque por detrás do poder público encontramos apenas a opinião particular de grupos. E, a opinião particular, ao contrário da reinante, carece de justificativas. Se não se impuser pelo convencimento, a sociedade se cinde, se reparte e se dissocia. Quando a desarmonia atinge seu grau máximo, diz Ortega "é a hora da revolução e da guerra civil".[34]

---

[33] Em entrevista concedida ao jornal "A Folha de São Paulo", edição de 13 de novembro de 2019, o ex-Ministro e ex-Presidente do Supremo Tribunal Federal, Sidney Sanches lamenta essa mudança, pois ela gera insegurança jurídica. Critica ainda, as mudanças repentinas que ocorrem assim que se altera a composição do Tribunal. Ademais, acrescenta, em matéria de fatos o julgamento do Tribunal de Segunda Instância passa em julgado, pois não podem eles ser revisitados pelos tribunais superiores (STJ e STF). A manutenção de uma Justiça caríssima (de primeiro grau), diante dessa orientação nova não vale muita coisa...

[34] No discurso, ainda afirmei: *Por tais razões, é apenas aparente o paradoxo consistente no elevado índice de aprovação popular por um ato de guerra – como no episódio conhecido como "Operação no Deserto", que detonou 90 mil toneladas de bombas sobre o Iraque – e a negativa repercussão que pode se seguir a atos de paz – como na ocasião do lançamento do chamado "Plano Collor II"- respectivamente em janeiro e fevereiro do ano passado.*

Essas reflexões baseadas nas lições do filósofo me parecem de atualidade indiscutível.

Porém, retornemos aos movimentos populares.

Parece que, mais recentemente,[35] na cidade de São Paulo tudo começou com a manifestação popular de junho de 2013, contra o aumento das tarifas do transporte coletivo. Reações policiais mais violentas começaram a marcar esses movimentos, à medida que o vandalismo aumentava, com lamentáveis depredações, saques em estabelecimentos comerciais, incêndio em ônibus e assim por diante. Sem preocupação de enumerar cronológica e exaustivamente, recordem-se as manifestações contra a Presidente Dilma Rousseff, logo que veio à tona a operação "Lava-Jato" e os escândalos de corrupção na Petrobrás; contra (e a favor) do ex-Presidente Lula, em prol da Educação etc.

Essa visão panorâmica traz uma certeza: há um crescente, enorme e palpável descontentamento popular em muitos países, inclusive no Brasil.

As insatisfações têm várias causas conhecidas. Nascem de problemas monetários – inflação, altíssimo custo de vida, pobreza extrema –, perpassam temas de inconformismos com políticas públicas e chegam à grande chaga da vida política: a corrupção. Corrupção avassaladora, aqui mesmo no Brasil.

A fomentar esses movimentos está o comportamento dos que estão encastelados no poder. Seus detentores, efetivamente, a ele se agarram como podem: pela força, mediante manobras legislativas, pela compra da imparcialidade do judiciário e, nesse caminho, pouco lhes importa atropelar o povo e contra ele jogar as milícias e o próprio exército. O cinismo dos governantes provoca uma crescente irritação popular. Negam o óbvio e tudo aquilo que é de notório conhecimento público.

Conhecendo as causas, ainda que de modo genérico, resta indagar como essa insatisfação se propala e contagia.

---

[35] Em 1992 os "Caras Pintadas" saíram às ruas contra o Presidente Fernando Collor de Mello.

Filio-me à corrente que parte da óbvia constatação que a humanidade se depara com uma singularidade absolutamente insólita na sua história – o telefone celular e as redes sociais.

Essa facilidade de comunicação entre as pessoas *potencializou* insatisfações pessoais que, enquanto isoladas, se perdiam dentro de círculos e áreas restritas. No máximo chegavam às reuniões da família e ao bar da esquina. Mas, agregadas aos milhares (talvez aos milhões) de sentimentos idênticos, essas insatisfações *explodem*, criando redes e mais redes de *adeptos* e de *contrários*. Essas sensações de *amor* e *ódio* não podem mais serem contidas, não querem mais ficar isoladas – elas precisam ir às ruas, o que ficou incrivelmente facilitado pela ágil arregimentação das pessoas, pelo celular.[36]

Instituições e poderes públicos são arrastados às avenidas das grandes cidades, para se tornaram alvo de *repúdio* ou de *admiração*, muitas vezes personificados nas pessoas físicas que os dirigem ou deles participam. O endeusamento e a ignomínia de figuras públicas, de agentes políticos, em suma, são mecanismos de destruição do Estado de Direito, cujo pilar básico e fundamental é a *confiança*.

Já escrevemos que a confiança é um sentimento que pertence à natureza humana, consistindo na crença na lealdade dos demais homens. Sabido que o bebê humano necessita de cuidados maternos por longos anos e essa circunstância tem sido apontada como a causa principal das primeiras comunidades, pois sem a existência e o apoio desta os primeiros hominídeos não teriam sobrevivido e dominado a Terra. Se essa é uma circunstância objetiva, a *confiança* é uma circunstância subjetiva que sustenta a primeira: sem confiança nos semelhantes de seu grupo nada teria sido possível. [37]

---

[36] Parece que, com o advento do telefone celular, um sentimento que estava dormente nas pessoas, desabrochou repentinamente: a intimidade perdeu seu lugar e o desejo de revelar fatos da vida privada tomou conta. Tudo se sabe e tudo se comunica. Essa constatação nos leva a repensar muita coisa – reflexões que fogem dos nossos objetivos. Mas, reforça o que se disse no texto: a vontade de exteriorizar sentimentos é a mesma e tem a mesma origem.

[37] Cf. DAL POZZO, Antonio Araldo Ferraz; DAL POZZO, Augusto Neves. "Ensaio sobre o conteúdo jurídico da confiança legítima e sua incidência no setor da

Segundo Harari, a confiança foi elemento essencial para o surgimento do que ele denomina "mitos compartilhados", que permitiram e se tornaram a base da evolução das comunidades humanas. São mitos porque não contam com algo que tenha existência objetiva e valor por si mesmo. Mas os homens são capazes de *objetivá*-los e eles passam a existir. O que é um dólar? – pergunta Harari. Somente a crença nesse mito faz as pessoas trocarem mercadorias, serviços etc. por dólar – por dinheiro, enfim. O mesmo, segundo ele, ocorre com o próprio direito, a religião, os mandamentos morais, o progresso etc.[38] Esses mitos se baseiam na *confiança* e sustentam a sociedade humana tal como se organiza.

Efetivamente, sem a confiança de todos na atuação *isenta* e *preocupada tão-somente com o interesse público*, por parte dos seus Poderes, o Estado de Direito pode ruir.

Nos movimentos brasileiros já se viu de quase tudo – *desconfiança* nos poderes constituídos e, em particular, em alguns de seus representantes; a falta de *segurança* de que eles realmente estão agindo de forma impessoal. Muitas autoridades de alto escalão não podem sequer viajar de avião, andar nas ruas e frequentar restaurantes, sem ouvir impropérios dos presentes.[39]

---

infraestrutura". São Paulo: Editora Contracorrente, 2019. Nesse sentido, HARARI, Yuval Noah. *Sapiens*: uma breve história da humanidade. São Paulo: Companhia das Letras, 2011, p. 18.

[38] Obra citada, em várias passagens.

[39] Recente artigo de Vinicius Mota, no jornal "A Folha de São Paulo", de 18 de novembro deste ano de 2019, intitulado "Papai, quero ser juiz do Supremo", o articulista pergunta, de início, quem tem mais poder: "Super-Homem, Thor, Mulher Maravilha, Aquaman ou um Ministro do Supremo Tribunal Federal do Brasil"? Em seguida cita eventos que demonstram essa afirmação: o presidente da República nomeia um político para o "ministério e o juiz da corte desfaz o ato com uma canetada". E prossegue com exemplos reais dos dias de hoje que evidenciam paradoxos, perplexidades e excesso de poder. Poucos dias antes, o colunista do mesmo jornal, Antonio Delfim Netto (em 13 de novembro), discorrendo sobre as reformas propostas pelo Ministro Paulo Guedes, assim se expressa: "Ela só pode ser enfrentada com uma profunda reforma da administração pública proposta na Constituição de 1988, violentada pelo tremendo abuso de poder do Legislativo, do Executivo, do Judiciário e do Ministério Público. O resultado foi um irresponsável aumento de gastos, acompanhado de imensa judicialização da política e a consequente politização da Justiça, que tornaram o Brasil inadministrável".

Não se pode duvidar, pois, que estamos em crise, conquanto no contexto da América do Sul o Brasil nos parece ocupar uma posição diferenciada, seja pela razoável situação econômica que desfruta; seja porque nosso modelo de Estado de Direito não abraçou o liberalismo ao pé da letra (como o Chile), mas um liberalismo moderado (apesar das críticas que sofre, assim mesmo); seja porque tem um serviço público de saúde e de educação (embora de qualidade criticável); seja porque as concessões de serviço público e as parcerias público privadas estão razoavelmente controladas. De outra banda, as perspectivas são otimistas, com a reformas que estão sendo feitas (como a da Previdência, do sistema fiscal e sobre o pacto federativo, principalmente) e a manifesta intenção governamental de incentivar a infraestrutura do País.

Essa situação semicaótica do presente, aqui no Brasil, está criando enfrentamentos entre os Poderes e entre eles e a própria população. E vice-versa.

Atuando nesse emaranhado de situações e de circunstâncias inter-relacionadas, o Ministério Público acabou recebendo a mais avançada concepção Institucional de que se tem notícia, na Constituição Federal de 1988. Depois experimentou um avanço nas suas estruturas – tanto humana como físicas. Esse avanço, contudo, no meu modo de ver, trouxe consigo a semente de uma crise, que germinou e hoje ameaça a Instituição.

4.2 O novo Ministério Público em ação

Como já acenado, deixei o Ministério Público em dezembro de 1993. A Instituição passou por alternâncias internas, no que respeita aos Procuradores-Gerais que me sucederam, os quais pertenciam a diferentes correntes de pensamento. Mas, cada um à sua maneira levou adiante o novo modelo institucional.

No entanto, o *germe* de uma crise eu pude divisar desde a promulgação da Constituição Federal.

Essa semente estava *adormecida* numa regra jurídica – que intimamente sempre chamei de *intrusa* – a do atual inciso III do art. 129:

> Art. 129. São funções institucionais do Ministério Público:
>
> III – Promover o inquérito civil e a ação civil pública, para a proteção do patrimônio público e social, do meio ambiente e de outros interesses difusos e coletivos;[40]

Como eu e aqueles que mais intimamente conheciam a filosofia institucional que nos embalou na constituinte prevíamos, essa semente pequenina logo germinou e cresceu desmesuradamente. Aproximemos devagar do fenômeno.

O problema, segundo eu entendia, estava em se saber o que se iria, no futuro, entender pela expressão *patrimônio público.*

Minha hesitação era justificada: havíamos desenvolvido um esforço descomunal para *desligar* o Ministério Público do Poder Executivo e agora essa expressão parecia insinuar uma *religação*, totalmente indesejada!

Evidentemente, pelo menos duas interpretações eram possíveis.

De um lado, numa primeira exegese, "patrimônio público" poderia designar o complexo de todos os bens pertencentes ao Estado – pessoa jurídica de Direito Público – de acordo com o art. 20 da Constituição Federal e 98 da Lei Civil:

> Art. 98. São públicos os bens do domínio nacional pertencentes às pessoas jurídicas de direito público interno; todos os outros são particulares, seja qual for a pessoa a que pertencerem.
>
> Art. 99. São bens públicos:
>
> I – os de uso comum do povo, tais como rios, mares, estradas, ruas e praças;
>
> II – os de uso especial, tais como edifícios ou terrenos destinados a serviço ou estabelecimento da administração federal, estadual, territorial ou municipal, inclusive os de suas autarquias;

[40] Para dizer a verdade, não sei como ela foi parar no *nosso* texto. Mas, isso às vezes acontecia na constituinte.

> III – os dominicais, que constituem o patrimônio das pessoas jurídicas de direito público, como objeto de direito pessoal, ou real, de cada uma dessas entidades.

Mas, essa interpretação era exatamente aquela que despertaria a semente já referida, a que a faria brotar.

De outro lado, a fim de perseguir o objetivo de desligar o Ministério Público definitivamente do Poder Executivo (que tem a propriedade da maior parte dos bens públicos), seria possível entender que a norma se voltava para o conjunto de bens e valores *da coletividade*: numa palavra os bens e valores já discriminados no art. 1º da Lei da Ação Civil Pública (Lei n. 7.347, de 24 de julho de 1985).

Essa segunda interpretação estaria mais consentânea com a ideia de cortar de uma vez por todas os vínculos que tradicionalmente amarravam o Ministério Público ao Poder Executivo. Mais: ela daria eficácia real a um dos incisos do artigo 129, que estabelecia a seguinte atribuição ao Ministério Público:

II – Zelar pelo efetivo respeito dos Poderes Públicos e dos serviços de relevância pública aos direitos assegurados nesta Constituição, promovendo as medidas necessárias a sua garantia;[41]

E, ainda, obedeceria ao disposto no inciso IX do mesmo artigo:

---

[41] Essa norma, segundo pensávamos, era a pedra de toque do sistema: ela ensejaria a atuação do Ministério Público contra os que estivessem à frente dos mecanismos de fiscalização dos entes estatais, no que diz respeito às omissões e desrespeitos aos direitos assegurados pela Constituição, aos cidadãos. O Ministério Público enfrentaria um segmento do Estado para que este se voltasse contra os segmentos omissos ou que não estivessem conferindo ao cidadão os seus direitos. Essa perspectiva possibilitaria ao Ministério Público propor a criação de mecanismos, como as atuais Agências Reguladoras das concessões. O Ministério Público seria o braço armado do cidadão *contra* os fiscais do próprio Estado. E os fiscais do Estado é que reagiriam contra os faltosos, inclusive – e principalmente – contra os corruptos, que se apropriam do dinheiro público. Seríamos uma espécie de fiscal do fiscal. A pergunta que fazíamos, parafraseando o poeta romano Juvenal: *Quis custodiet ipsos custodes? – quem fiscaliza os fiscalizadores?* Nós, do Ministério Público, queríamos ser os fiscais dos fiscais.

IX) Exercer outras funções que lhe forem conferidas, desde que compatíveis com sua finalidade, **sendo-lhe vedada a representação judicial e a consultoria jurídica de entidades públicas.**

Ora, defender o patrimônio da Fazenda é *representá-la* em juízo.[42]

Por outro lado, "promover o inquérito civil e a ação civil pública" – são expressões que já eram consagradas no direito positivo brasileiro, de modo que a investigação (inquérito civil) se destina exclusivamente à propositura da ação civil pública: esta jamais poderia ser ação desvinculada ao seu regime já estabelecido na Lei nº 7.347, de 24 de julho de 1985 (chamada Lei da Ação Civil Pública) e que certamente fora recepcionada pela nova ordem constitucional.

Militamos, na medida do possível, em favor dessa interpretação.

Essa ideia *separatista* (em face do Executivo) não era um mero desejo acadêmico e abstrato. Essa desvinculação deixaria a Instituição livre para fazer com que realmente funcionassem os mecanismos legais de proteção da sociedade, em face das omissões, abusos e desvios de poder dos entes públicos, além da notória malversação do dinheiro público e do enriquecimento ilícito dos gerentes do poder. Como dito, daria mais razão e vitalidade ao inciso II do art. 129 ("zelar pelo efetivo respeito dos Poderes Públicos e dos serviços de relevância pública aos direitos assegurados nesta Constituição, promovendo as medidas necessárias à sua garantia").

Em suma, a ideia central sempre foi a desvinculação do Estado e a ação *contra* os mecanismos predispostos para exercer a reação estatal aos ilícitos contra a sociedade e não agir diretamente contra os infratores. Também pressentíamos o enorme risco existente em concentrar essa atuação em mãos de uma única entidade, fosse ela quem fosse – ela tenderia a abusar de seu poder ou teria que sofrer graves limitações em sua liberdade, com o passar do tempo.

Somos obrigados, novamente, a recuar ao ano de 1991.

---

[42] Ao que se redarguia que a Constituição Federal pode criar regras e excepcioná-las.

Em 1991, o clima no Estado de São Paulo era muito tenso, pois um dos maiores jornais do País fazia, quase que diariamente, denúncias de corrupção envolvendo os primeiros escalões do governo anterior e até mesmo contra o próprio ex-governador.[43]

Brasil ainda vivia o ambiente de mudanças que acabara de se consolidar na recém promulgada Constituição Federal.

Fato importante a se registrar foi a eleição de Fernando Collor de Mello para Presidente da República – até então praticamente um desconhecido ex-Governador de Alagoas – e que conseguiu comover a nação toda com sua quixotesca caça aos *marajás* – servidores públicos que percebiam salários astronômicos, trabalhando muito pouco, ou mesmo nada, e causando todos os males de que padecia a nação brasileira.

Essa bandeira – denúncia de *marajás* e de políticos *corruptos* – despertou um sentimento de revolta em todas as camadas da população e preparou o caminho para a campanha vitoriosa de Fernando Collor.

Entusiasmado com a repercussão de sua campanha, Fernando Collor enviou ao Congresso um projeto de lei que iria se transformar na Lei n. 8.492, de 2 de junho de 1992 – a chamada Lei de Improbidade Administrativa.

Anteriormente, houve dois diplomas legislativos sobre improbidade administrativa: a Lei n. 3.164, de 1º de junho de 1957, conhecida como Lei Pitombo Godoi Ilha,[44] que veio a ser substituída pela Lei n. 3.502, de 21 de dezembro de 1958, conhecida como Lei Bilac Pinto.[45]

O Deputado Federal Bilac Pinto, opositor intransigente do governo do Presidente Juscelino Kubistchek, entendia haver desvios na construção de Brasília, que pretendeu coibir com a lei que foi batizada

---

[43] Jornal "O Estado de São Paulo" e "Jornal da Tarde" (ambos do mesmo grupo) e o Governador, Orestes Quércia.

[44] Ari Boto Pitombo foi Deputado Federal por Alagoas e Américo Godoi Ilha foi Deputado Federal pelo Rio Grande do Sul.

[45] Olavo Bilac Pinto foi Deputado Federal por Minas Gerais.

com o seu nome. Esse diploma legal disciplinava o sequestro e perdimento de bens nos casos de enriquecimento ilícito, por influência ou abuso de cargo ou função pública, *conferindo o direito de ação à iniciativa popular*. Mas, um estratégico veto presidencial retirou da lei a iniciativa popular e o ajuizamento da ação ficou *em poder dos próprios órgãos públicos* (art. 5º).[46]

A iniciativa de Fernando Collor de Mello para aprovação do projeto de lei contra atos de improbidade administrativa – na verdade, seu projeto era uma versão piorada da Lei Bilac Pinto – chamou a atenção da mídia, dos parlamentares e de setores do Ministério Público de São Paulo, que pertenciam a um grupo de idealistas que viam na atuação Institucional um verdadeiro *messianismo*: a missão de limpar a nação das mazelas, dos abusos e da corrupção. É claro que a premissa era a de considerar o Ministério Público um superpoder.

Esses promotores atuaram de forma decisiva na Câmara e no Senado Federal, fazendo com que o projeto do Presidente Collor acabasse tendo a configuração que lhe deu a lei vigente – Lei n. 8.429, de 2 de junho de 1992, conhecida como Lei de Improbidade Administrativa (LIA).[47]

A sanção dessa lei pôs uma pá de cal na ideologia institucional que nos orientava até então: seu art. 17, deu a titularidade da ação por ato de improbidade administrativa para o Ministério Público:

Art. 17. A ação principal, que terá o rito ordinário, **será proposta pelo Ministério Público** ou pela pessoa jurídica interessada, dentro de trinta dias da efetivação da medida cautelar.

---

[46] Como a ação para início do processo por enriquecimento ilícito ficou em mãos "dos próprios órgãos públicos", nenhuma ação foi, desde então, promovida: faltava quem pudesse acionar o ente público encarregado de agir em juízo. Ora, ter o poder de acionamento desse órgão público é justamente o que queríamos como atribuição para o Ministério Público. Portanto, em caso de omissão do ente, seus agentes seriam réus em ação promovida pelo Ministério Público, por exemplo, em ação de conhecimento (que hoje seria condenatória executiva) para cumprimento de obrigação de fazer, com penas pecuniárias por dia de inércia. Certamente os servidores lotados nesses órgãos iriam começar a agir.

[47] Ao tempo da tramitação da Lei de Improbidade Administrativa, eu exercia o cargo de Procurador-Geral de Justiça do Estado de São Paulo. Pouco participei do processo legislativo, envolvido em questões internas da Instituição em São Paulo.

Mesmo antes da Lei de Improbidade Administrativa, as circunstâncias da vida política nacional já empurravam o Ministério Público para essa competência.

Sabe-se que os fatos da vida real, muitas vezes, obrigam os operadores do direito a *forçar* certa exegese das normas legais e, então, o que passa a ser a *mens legis* se distancia muito daquilo que fora a *mens legislatoris*.

O espírito da lei (*mens legis*), em verdade, acaba sendo aquele que o aplicador da lei entende ser a vontade legal que disciplina determinadas situações jurídicas, num determinado momento histórico.[48] Em casos tais, pouco importa a intenção do legislador (*mens legislatoris*), que apenas pode servir, às vezes, como elemento de interpretação da lei.

Logo após a promulgação da Lei de Improbidade Administrativa a pressão da imprensa sobre o Ministério Público recrudesceu – e muito!

Inicialmente, registre-se, em ações por ato de improbidade administrativa os advogados de defesa tentaram alegar a ilegitimidade ativa do Ministério Público. Contudo, naquele ambiente, a preliminar foi rechaçada pelo Poder Judiciário (muitas ações chegaram aos tribunais superiores) de modo *unânime* e *definitivo*.

Portanto, os fatos superaram uma ideologia abstrata, acadêmica, que talvez tenha vindo à luz muito cedo, no cenário fático da vida política brasileira.

4.3 Uma tentativa de evitar excessos

Antevendo o que poderia acontecer, eu e minha assessoria cuidamos de balizar essa nova atribuição do Ministério Público, de modo que no projeto de Lei Orgânica Estadual (LC n. 734/93), procuramos conferir ao Procurador-Geral de Justiça a legitimidade ativa para as ações por ato de improbidade administrativa promovidas contra agentes *políticos*, regra que se consubstanciou no art. 116, *in verbis*:

---

[48] Daí a longevidade das normas jurídicas.

Art. 116. Além de outras previstas em normas constitucionais ou legais, são atribuições processuais do Procurador-Geral de Justiça:

V – Promover o inquérito civil e a ação civil pública para a defesa do patrimônio público e social, bem como da probidade e legalidade administrativas, quando a responsabilidade for decorrente de ato praticado, em razão de suas funções, por:

a) Secretário de Estado;

b) Membro da Diretoria ou do Conselho de Administração de entidade da Administração Indireta do Estado;

c) Deputado Estadual;

d) Membro do Ministério Público;

e) Membro do Poder Judiciário;

f) Conselheiro do Tribunal de Contas.

A razão de ser dessa norma é a seguinte: dentre todos os ocupantes de cargos na Instituição do Ministério Público, o único que pode perdê-lo por razões político-jurídicas é o Procurador-Geral de Justiça, que corre o risco de ser destituído ou por decisão do Órgão Especial do Colégio de Procuradores ou pela Assembleia Legislativa "em caso de abuso de poder, conduta incompatível ou grave omissão nos deveres do cargo" (LOMPSP art.13).

Porém, a meu juízo, de forma irresponsável, alguns dos mesmos promotores que agiram na aprovação da Lei de Improbidade Administrativa, representaram ao Procurador-Geral da República da época que, por sua vez, ajuizou ação direta de inconstitucionalidade perante o Supremo Tribunal Federal (ADI 1285/SP), buscando retirar essa atribuição do Procurador-Geral de Justiça.[49]

---

[49] A alegação interna, politicamente utilizada por aqueles que nos faziam oposição, era a de que se retirava atribuição dos promotores, para que o Procurador-Geral protegesse o Governador, então um membro do Ministério Público. Argumento falacioso, porque essa atribuição era, antes da definição pela lei, da Instituição e de ninguém em particular. A distribuição de competências (ou de atribuições) não fere a independência funcional

Também o art. 299 foi objeto da representação:[50]

Artigo 299. Ficam criados na Parte Permanente do Quadro do Ministério Público do Estado:

I – 07 (sete) cargos de Promotor de Justiça, classificados em entrância especial, referência VI, com a denominação de 1º a 7º Promotor de Justiça da Cidadania, com as atribuições do inciso IX, do artigo 295, desta lei complementar;

II – 03 (três) cargos de Promotor de Justiça, classificados em entrância especial, referência VI, com a denominação de 1º a 3º Promotor de Justiça de Habitação e Urbanismo, com as atribuições do inciso X, do artigo 295, desta lei complementar;

2º Quando do provimento dos cargos referidos nos incisos I e II, deste artigo, assegurar-se-á preferência, no concurso de promoção ou de remoção, aos Promotores de Justiça que, à época, exerçam as funções a eles atribuídas por esta lei complementar.

A ADI continha pedido liminar, parcialmente acolhido, pelo Tribunal Pleno:

Liminar em julgamento pleno – deferida em parte (25/10/1995):[51]

---

de ninguém, muito menos do assim chamado "promotor natural", conceito retirado da figura do juiz natural. Ora, não há nem juiz e nem promotor natural *a priori*, mas somente depois que a lei positiva distribui – de forma genérica e abstrata – as competências funcionais. O argumento foi aceito por muitos, não pelo seu valor conceitual, mas pela vontade dos promotores em acionar aquelas autoridades, como efetivamente ocorreu.

[50] Aliás, foram objeto dessa representação: art. 105; 108, art. 116 e art. 299, referido.

[51] A liminar teve por fundamento o voto do Relator, Ministro Moreira Alves, por entender que se tratava de norma de natureza processual e, portanto, de competência da União. Todavia, *data máxima vênia*, o art. 24 da Constituição confere competência concorrente (aliás, por minha sugestão) à União, Estados e Municípios legislar "sobre: XI – procedimentos em matéria processual". Ora, me parece evidente que quem pode legislar sobre procedimentos pode distribuir competências, pena de a norma constitucional vir à luz natimorta. Essa ideia foi

POR VOTAÇÃO UNÂNIME, O TRIBUNAL DEFERIU O PEDIDO DE ML COM EFEITO EX NUNC E SUSPENDEU, ATÉ A DECISÃO FINAL DA AÇÃO, A EFICÁCIA DA EXPRESSÃO "**DE PROMOÇÃO OU**", CONTANTE DO § 2º DO ART. 299 DA LC N. 734, DE 26.11.93, DO ESTADO DE SÃO PAULO, E, POR MAIORIA DE VOTOS, O TRIBUNAL TAMBÉM DEFERIU COM EFEITO EX NUNC E SUSPENDEU, ATÉ A DECISÃO FINAL DA AÇÃO, A EFICÁCIA DA EXPRESSÃO "**E A AÇÃO CIVIL PÚBLICA**", CONTANTE DO INCISO V DO ART. 116 DA MESMA LEI COMPLEMENTAR (N. 734/93), VENCIDO, NESTA PARTE, O MIN. MARCO AURÉLIO QUE INDEFERIA O PEDIDO DE MEDIDA LIMINAR. O TRIBUNAL, POR VOTAÇÃO UNÂNIME, INDEFERIU O PEDIDO DE ML COM RELAÇÃO AOS DEMAIS PRECEITOS IMPUGNADOS. VOTOU O PRESIDENTE. AUSENTES, OCASIONALMENTE, OS MINS. MAURÍCIO CORRÊA E SEPÚLVEDA PERTENCE, PRESIDENTE. PRESIDIU O JULGAMENTO O MIN. CELSO DE MELLO, VICE-PRESIDENTE (ART. 37, I DO RISTF).

Destarte o inciso V do art. 116 ficou assim:

V – Promover o inquérito civil {**e a ação civil pública**} (*expressões que ficaram sem eficácia*) para a defesa do patrimônio público e social, bem como da probidade e legalidade administrativas, quando a responsabilidade for decorrente de ato praticado, em razão de suas funções, por:

---

posta aos constituintes porque as peculiaridades dos Estados podem determinar tipos de processos e procedimentos a elas adaptadas: certa vez, expondo, em Manaus, a participação de dois promotores num mesmo processo – um como *custos legis* pela natureza da matéria (investigação de paternidade) e o outro pelo menor autor (incapaz), alguém se levantou e me disse que o promotor mais próximo de sua comarca precisava viajar um mês de barco para chegar! Claro que foi uma boa lição de Brasil. De outro lado, nos parece que a lei estadual talvez não possa *criar* atribuições – mas, com certeza, pode distribui-las. Como faz, por exemplo, a Lei Estadual de Organização Judiciária.

O § 2º do art. 299:

2º Quando do provimento dos cargos referidos nos incisos I e II, deste artigo, assegurar-se-á preferência, no concurso {**de promoção ou**} (*expressões que ficaram sem eficácia*) de remoção, aos Promotores de Justiça que, à época, exerçam as funções a eles atribuídas por esta lei complementar.

Essa ADI dormita há vinte e três anos nos armários do Supremo Tribunal Federal, isto é, desde 19 de maio de 1995, cujo relator, Ministro Moreira Alves, nem mais faz parte do Pretório Excelso.[52]

Foi assim que a ideologia que nos inspirou durante a Constituinte acabou abandonada por pressão dos fatos e do clima político da época, sem se falar na pressão da mídia. As condenações que iam acontecendo em Primeira Instância, para devolução ao erário de quantias fabulosas, pavimentaram esse caminho, que não mudaria jamais.

E, com isso, o Ministério Público acabou *voltando* a defender o *dinheiro* da Fazenda Pública – talvez o menor efeito destrutivo desse entendimento.

Do ponto de vista estritamente externo – isto é, fora dos muros da Instituição – o saldo foi muito positivo. Não se pode negar o quanto a Instituição fez no combate ao mau uso do dinheiro público, ao enriquecimento ilícito e aos descasos praticados pelos agentes públicos.

Para o Ministério Público, contudo, se vieram aplausos, também vieram sérios problemas.

4.4 O Ministério Público e o Poder Executivo Municipal

O ajuizamento de muitas ações civis por ato de improbidade administrativa obteve imediato apoio da mídia e de grande parte da

[52] Em 20 de abril de 2018, constatei, com alegria, que o Procurador-Geral Dr. Gianpaolo Poggio Smanio pediu a inclusão da ADI em pauta. Como se vê, é preciso insistir.

população, que não mais acreditava ser possível processar políticos e altos escalões do governo.

Esse verdadeiro *endeusamento* ganhou amplitude máxima nas cidades do Interior.

Os promotores passaram a ser entrevistados e começaram a aparecer na mídia televisiva. Foi um super impulso no *ego institucional*, que contaminou a grande maioria dos promotores. Na mídia local, então, manchetes eram estampadas enaltecendo o promotor e detraindo a figura do processado.

Tudo isso colocou o Ministério Público em destaque e incentivou os promotores a trilhar cada vez mais esse caminho.

4.5 O Ministério Público como *corregedor municipal*

O próprio Ministério Público se entusiasmou (demasiadamente, a meu ver) com sua atuação junto às Prefeituras Municipais.

Os Promotores foram descobrindo que essas entidades eram mal organizadas e mal informadas principalmente em matéria de Direito Administrativo. Muitos deslizes legais eram cometidos por ignorância e não por dolo. Claro que havia quem se aproveitasse para se locupletar ilicitamente. Mas, agindo *ex officio* e querendo impedir esses ilícitos, houve um excesso. Muito grande.[53]

O pior é que tudo vai para a mídia local, em letras garrafais, praticamente destruindo o patrimônio político do investigado. Nem o posterior arquivamento e nem a absolvição devolvem a ele o prestígio que perdeu.

Essa publicidade incontida, desmesurada, que avançou muito, chegando mesmo a ensejar que a televisão flagrasse a prisão ou a busca

---

[53] Certa vez, quando eu era Procurador-Geral, um Prefeito veio ao meu gabinete e me entregou as chaves da Prefeitura... Não aguentava mais as interferências do promotor.

e apreensão de objetos e coisas que poderiam, futuramente, servir de prova do ato ilícito, muito provavelmente contribuiu para que o Ministério Público tenha perdido o senso do equilíbrio funcional, o senso de medida que sua posição requer, passando a se considerar responsável pela moralidade pública (moralidade em sentido amplo), espiolhando tudo que lhe parecia suspeito, sem se preocupar minimamente com a pessoa que está do outro lado.

Hoje minha experiência advocatícia me permite afirmar, com segurança, que os promotores, de um modo geral, enviam dezenas de ofícios requisitórios às Prefeituras Municipais, pedindo (quase sempre sem qualquer fundamentação, como determina a lei) informações sobre tudo que se possa imaginar e que seja atribuição do Poder Executivo.[54]

Há prefeitos que organizaram uma como que Secretaria, apenas para responder aos ofícios ministeriais!

Não era essa, todavia, a mensagem que divulguei àquele tempo. Eis minhas palavras (já reproduzidas nas linhas iniciais deste estudo), em 1991:

"Percebi que cabe ao Promotor de Justiça promover o **entendimento** e não a **discórdia**, a **orientação** e mão forte quando for preciso. Que ele pode ser amigo sem se comprometer, que pode conviver com os poderosos e os fracos, que pode agir em nome da ordem constitucional, sem partidarismos. Que não é preciso frequentar manchetes e buscar ser a estrela do espetáculo para ganhar a confiança de sua comarca – **que de ser o mais igual, se quiser promover a igualdade**".

O Promotor de Justiça, como agente político, deveria estar em permanente contato com os agentes políticos do Município, num diálogo transparente e aberto.

---

[54] Desde o asfalto desgastado da rua, a falta de uma lâmpada num poste, a poda de árvores, informações sobre os procedimentos licitatórios em geral, o quadro funcional da municipalidade, alvarás para festividades e uso, às vezes, de área pública para isso etc. etc. Tudo é questionado. Advogo para alguns Prefeitos Municipais (para a pessoa física) e os oriento como proceder nesses casos. Não raramente procuro o Promotor e exponho estas coisas que escrevo. Às vezes, dá bom resultado.

Deveria ser um agente político *cooperativo* e *indutor de soluções* – e não de enfrentamento (por investigações e ações judiciais). O interesse público requer, sem dúvida, tutela – mas não necessariamente *repressiva*. Requer urgência – e não interrupções de obras e serviços.

Sei que não é fácil encontrar o equilíbrio e agir sem incidir na vedação do inciso IX do art. 129: porém o espírito da lei é o de impedir uma consultoria oficial, expressa, escrita e não orientações (tanto que se usa muito a *recomendação*) diretas, preventivas, até porque o desconhecimento do Direito Administrativo por parte dos Prefeitos é notório.[55]

Ora, se o objetivo posto na Constituição Federal é o de "*zelar pelo efetivo respeito dos Poderes Públicos e dos serviços de relevância pública aos direitos assegurados nesta Constituição, promovendo as medidas necessárias à sua garantia*", a maneira mais rápida, eficiente e ditada pelos princípios da razoabilidade e da proporcionalidade é o *diálogo*. Quanta *papelada*, tempo e dinheiro se perde com a comunicação *por ofícios*? Que tempo precioso o Promotor perde com tudo isso! A função prevista não era para ser realizada rotineiramente de forma burocrática, mas de forma concreta, positiva, imediata. Que Prefeito não atenderia uma orientação do Ministério Público?

Por fim, há uma regra de ouro que precisa ser recordada.

Vivemos numa democracia representativa: "Todo o poder emana do povo, que o exerce por meio de representantes eleitos ou diretamente,

---

[55] E aqui se insinua outro problema – como os procuradores municipais são servidores que permanecem no cargo por muito tempo e participam da sociedade local, acabam tendo suas preferências políticas e não raramente induzem o prefeito que não é de seu gosto, a praticar atos que depois são objeto de ação. Se o Prefeito busca apoio em escritórios de advocacia (ainda que mediante licitação), acaba sendo processado por um infeliz entendimento (que não leva o que se disse em consideração – o partidarismo dos advogados públicos) do próprio Ministério Público, que entende ser ilegal essa consultoria. Infelizmente, a realidade demonstra que Procuradores Municipais – com raras exceções, que somente confirmam a regra – pouco entendem de Direito Administrativo e, muito menos, de como fazer a defesa do Município nos processos no Tribunal de Contas. Então por falta de defesa, multas são aplicadas e licitações e contratos julgados irregulares, com remessa ao Ministério Público Estadual, que instaura inquérito civil e lá vem toda complicação.

nos termos desta Constituição", sublinha o parágrafo único do primeiro artigo da Constituição Federal. Esses legítimos representantes são eleitos pelo povo. Ora, nem os integrantes do Poder Judiciário e nem os do Ministério Público são eleitos, mas têm sua primeira investidura por concurso público.

Se a legitimidade política do Legislativo e do Executivo advém do voto, a do Poder Judiciário decorre de sua absoluta imparcialidade e a do Ministério Público do exercício de suas funções de maneira adequada, necessária, proporcional aos fins colimados. A falta de razoabilidade retira a legitimidade deste último – e aqueles princípios devem ser supervalorizados quando do enfrentamento de alguém que foi escolhido pelo povo para exercer os poderes administrativos *vinculados* e *discricionários* que lhes são inerentes.

Porém, a forma de atuação escolhida fez com que os Prefeitos encarassem o Ministério Público como verdadeiro *corregedor municipal*!

A reação viria. E veio.

4.6 O uso de mecanismos distantes da ortodoxia legal

Há um outro fator a ser aqui considerado – a utilização, pelo Ministério Público, de mecanismos distantes da ortodoxia legal, com o beneplácito – e, às vezes, até com o aplauso – do Judiciário.

Nessa linha, fatos bem mais recentes passaram a intervir de forma incisiva na atuação do Ministério Público e do Poder Judiciário, na senda a que se propuseram a trilhar.

Tudo partiu da constatação de um assombroso sistema de corrupção no âmbito federal, envolvendo políticos do Poder Executivo e do Poder Legislativo, além das maiores empreiteiras do Brasil, que todos passaram a conhecer pelo seu codinome: OPERAÇÃO LAVA JATO.

Às vezes, nem dá para acreditar na extensão e na profundidade dos mecanismos engendrados por políticos e grandes empresas para verdadeiramente *assaltar* os cofres públicos.[56] O tamanho do gigante acabou *permitindo* o uso de estratagemas não ortodoxos, com desvios do direito positivo, para derrotá-lo. O *monstro* acabou gerando até mesmo armas *legais* e exegeses inusitadas.[57]

Exemplos foram as conduções coercitivas determinadas de ofício;[58] o sistema de delação premiada, normalmente sob coação; a interpretação pelo Supremo Tribunal a respeito da prisão após condenação em Segunda Instância (entendimento revogado nestes dias) e assim por diante.

Porém, não é objetivo destas considerações entrar na análise detalhada dessas questões.

Aqui nos importa frisar que o Ministério Público acionou a máquina judiciária e que esta, em muitas ocasiões, *fabricou* fundamentos e interpretações, os quais, como dirá a História, foram casuísticos, excepcionais e resultado de exegeses absurdas e forçadas.

---

[56] Tenho para mim que a corrupção também tinha a finalidade de engajar o Brasil num socialismo que se prega mediante o conceito de *bolivarismo moderno*. Os principais integrantes do PT, não conseguindo seu intento pelas armas (as guerrilhas, por exemplo), engendraram um plano de atingir os mesmos objetivos de então, mas usando as estruturas oficiais.

[57] Nesse sentido, cumpre lembrar a decisão do Tribunal Regional da 4ª Região, que com o voto contrário do Desembargador Federal Rogério Favreto, aprovou o voto condutor do Desembargador Federal Rômulo Puzzollatti, no sentido de não instaurar processo administrativo disciplinar contra o Juiz Sérgio Moro, por ocasião da divulgação de conversas telefônicas entre a Presidente da República e Lula, afirmando que "Ora, é sabido que os processos e investigações da chamada "Operação Lava-Jato, sob a direção do magistrado representado, constituem caso inédito (único, excepcional) no direito brasileiro. Em tais condições, neles haverá situações inéditas, que escaparão ao regramento genérico, destinado aos casos comuns. Assim, tendo o levantamento do sigilo das comunicações telefônicas de investigados na referida operação servido para preservá-la das sucessivas e notórias tentativas de obstrução por parte daqueles, garantindo-se assim a futura aplicação da lei penal, é correto entender que o sigilo das comunicações telefônicas (Constituição, art. 5º, XII) pode, em casos excepcionais, ser suplantado pelo interesse geral na administração da Justiça e na aplicação da lei penal" (P.A Corte Especial – 0003021-32.2016.4.04.8000/RS). Eis aí uma exegese de *exceção*.

[58] Em 07 de junho de 2018, o STF – por maioria de votos! – declarou que a condução coercitiva de réu ou investigado para interrogatório, constante do artigo 260 do Código de Processo Penal (CPP), não foi recepcionada pela Constituição de 1988.

Todavia, essa atuação – tanto do Ministério Público como do Poder Judiciário – se espraiou por todos os respectivos segmentos, por todo o Brasil.

Pior: com aplausos da mídia e da população, com raras exceções.

Infelizmente, as pessoas, de um modo geral, não conseguem enxergar os efeitos maléficos dos desvios do poder, desde que esses desvios atinjam os objetivos que elas aprovam: e esta é a explicação dos linchamentos, por exemplo.

Mal sabem elas que quando se deixa a trincheira segura da legalidade, tudo pode acontecer... Basta olharmos novamente para a América do Sul destes dias.

A História também mostra que, aos poucos, o exagero se transforma em desconfiança e a desconfiança se transforma em descrédito das Instituições. Tudo se apressa especialmente quando o *background* acaba sendo revelado, por conversas particulares expostas pela mídia, como aconteceu recentemente aqui no Brasil.

Então, a opinião pública, perplexa, começa a ver a reversão do movimento inicial.[59] E o Ministério Público se vê no epicentro dessa crise, sem dúvida alguma.

4.7 Repercussões e reações

A existência real de uma corrupção avassaladora revelada em números inimagináveis e instalada nas entranhas do Poder Central, determinando a prisão de figuras exponenciais tanto da vida política como da vida empresarial brasileira, provocou uma reação popular *altamente*

[59] Hoje é o que se vê com a soltura de políticos condenados por corrupção – cujo embasamento fático não poderá ser alterado pelos recursos pendentes nos tribunais superiores – e a progressiva desmoralização da "LAVA-JATO". Quem sabe ver enxerga que por detrás de tudo há forças poderosas atuando sem parar. Nem sempre entre elas há conexão direta – mas todos aproveitam o que está ao seu alcance para, como se diz popularmente, jogar uma pá de areia no mesmo caminhão.

positiva. Milhares de pessoas foram às ruas, ostentando cartazes, fantasias, balões e caricaturas dos envolvidos além de muitas outras manifestações (e já estamos, então, sob o domínio absoluto do celular, da potencialização das emoções e da facilidade de aglutinação).

Nesse ambiente se instaura o processo de *impeachment* contra a Presidente da República, Dilma Rousseff e, consoante determinação constitucional, o Senado é presidido por um Ministro do Supremo Tribunal Federal que, ao final do processo, conduz a votação para uma decisão altamente polêmica, levantando suspeitas de parcialidade na opinião pública, reforçadas por ter sido amigo e indicado pelo antecessor da Presidente (Lula).[60]

Algumas decisões tomadas pelos Juízes de Direito, especialmente nos processos conhecidos em conjunto como "OPERAÇÃO LAVA JATO" foram frontalmente desfeitas por Ministros do Supremo Tribunal Federal, que praticaram atos jurisdicionais abrandando os efeitos daqueles levados a efeito pelos juízes: essa paradoxal situação (quase incompreensível para os leigos), causou o *endeusamento* de alguns e o *opróbrio* de outros: duas situações de alto risco para o Estado de Direito, que exige total imparcialidade do Judiciário e firmeza das Instituições. A imparcialidade do juiz não é sentida no dia a dia, mas sua falta, assim como a falta de saúde, é percebida de imediato.

O *apoio* dado pelo povo nas ruas indica com clareza que a população viu e constatou a *parcialidade* dos integrantes do Judiciário e, o mais preocupante, é que foram apoios a favor e contra![61] Porém, como os órgãos jurisdicionais não agem de ofício, o *gatilho*, por assim dizer, que vence a sua obrigatória inércia, foi acionado pelo Ministério Público que se viu envolvido nas mesmas manifestações de pró e contra.[62]

---

[60] Vinicius Mota, no artigo referido acima, dentre outras, faz a seguinte pergunta: "Pode (o Ministro do STF) inventar *impeachment* sem perda de direitos (políticos)? Sim, Senhor" ele mesmo responde.

[61] Todavia, são muitos os exemplos de desencadeamento de revoltas e golpes de estado por causa da parcialidade do Judiciário, embora inicialmente os desmandos tenham sido aprovados pela maioria.

[62] Mais uma vez, volto ao artigo de Vinicius Mota que, ao se referir ao pedido (já desfeito) do Presidente Dias Toffoli ao órgão que substituiu o COAF (Conselho de

Portanto, os juízes e promotores foram envolvidos nesse movimento – que lembrava, segundo muitos, a operação MÃOS LIMPAS, ocorrida na Itália – eles agiam como se fossem *missionários*, empenhados na construção de um novo e limpo Brasil.

Tudo isso, obviamente, sob os aplausos da maioria e devidamente registrado e divulgado pela mídia em geral.

Mas, num submundo, longe das turbulências da superfície, oculto pelas profundezas do Poder, reações começaram a germinar no seio da classe política brasileira, especialmente em relação ao Ministério Público. Não apenas dos que se tornaram réus – o que seria até compreensível – mas de quase *todos* seus integrantes.

Uma análise contextual nos leva à origem dessa reação silenciosa (no princípio, pelo menos): a atuação ministerial junto às Prefeituras Municipais de quase todo o País.

Os incontáveis processos por ato de improbidade administrativa instaurados, os milhares de inquéritos civis e os cotidianos ofícios exigindo informações sobre todos os assuntos possíveis, acendeu uma reação em cadeia: desde o Presidente da República até os Governadores, assim como Senadores, Deputados Federais e Estaduais foram os *receptores* dos queixumes e lamúrias dos Prefeitos. Sem dúvida, elas foram ouvidas e incorporadas: todos esses políticos têm nos prefeitos os seus principais *cabos eleitorais*.

Essa *revolta* se manifestou ao longo desses anos, às vezes de forma expressa, como o incidente que passou a ser conhecido como "A Lei da Mordaça", que fracassou. Mas, às vezes vitoriosa, como a recente "Lei de Abuso de Autoridade".

Controle de Atividades Financeiras) – a Unidade de Inteligência Financeira (UIF) diz que apareceu no cenário jurídico um instituto novo, que chama de "superpoder"- "o da auto provocação". No entanto, ainda ontem (20 de novembro de 1919, num incrível voto de quatro horas, o mesmo Presidente vota para que essas informações não sejam encaminhadas ao Ministério Público sem passar pelo crivo do Judiciário. A velha disputa de poder...

Se prestarmos bem atenção, veremos que essa reação vem de longe, muito antes dos mais recentes acontecimentos.[63]

A prova está nas *catorze* alterações do texto constitucional original, por Emendas Constitucionais, que introduziram duras *limitações* às autonomias e à liberdade institucional:

(i) Na área remuneratória:

a. Aplicação ao Ministério Público o disposto no art. 39, § 4º;[64]

b. Proibição de receber, a qualquer título ou pretexto, auxílios ou contribuições de pessoas físicas, entidades públicas ou privadas, ressalvadas as exceções previstas em lei (EC. n. 45, de 2004);

c. Aplicação aos membros do Ministério Público o disposto no art. 95, parágrafo único, V n. 45, de 2004), isto é, vedação de exercer a advocacia no juízo ou tribunal do qual se afastou, antes de decorridos três anos do afastamento do cargo por aposentadoria ou exoneração n. 45, de 2004);

(ii) Na área da autonomia orçamentária:

a. Ao Ministério Público é assegurada autonomia funcional e administrativa, podendo, observado o disposto no art. 169, propor ao Poder Legislativo a criação e extinção de seus cargos e serviços auxiliares, provendo-os por concurso público de provas ou de provas e títulos, a política remuneratória e os planos de carreira; a lei disporá sobre sua organização e funcionamento (EC n. 19/1988);

b. Se o Ministério Público não encaminhar a respectiva proposta orçamentária dentro do prazo estabelecido na lei de

---

[63] O ex-Presidente Lula, recentemente solto, atacou violentamente o Judiciário e o Ministério Público.

[64] Art. 39 § 4º O membro de Poder, o detentor de mandato eletivo, os Ministros de Estado e os Secretários Estaduais e Municipais serão remunerados exclusivamente por subsídio fixado em parcela única, vedado o acréscimo de qualquer gratificação, adicional, abono, prêmio, verba de representação ou outra espécie remuneratória, obedecido, em qualquer caso, o disposto no art. 37, X e XI. (Incluído pela Emenda Constitucional n. 19, de 1998).

diretrizes orçamentárias, o Poder Executivo considerará, para fins de consolidação da proposta orçamentária anual, os valores aprovados na lei orçamentária vigente, ajustados de acordo com os limites estipulados na forma do § 3º (n. 45, de 2004);

c. Se a proposta orçamentária de que trata este artigo for encaminhada em desacordo com os limites estipulados na forma do § 3º, o Poder Executivo procederá aos ajustes necessários para fins de consolidação da proposta orçamentária anual n. 45, de 2004);

d. Durante a execução orçamentária do exercício, não poderá haver a realização de despesas ou a assunção de obrigações que extrapolem os limites estabelecidos na lei de diretrizes orçamentárias, exceto se previamente autorizadas, mediante a abertura de créditos suplementares ou especiais n. 45, de 2004);

(iii) Na área da autonomia legislativa:

a. Aplica-se ao Ministério Público, no que couber, o disposto no art. 93 n. 45, de 2004) ou seja, "Lei complementar, de iniciativa do Supremo Tribunal Federal, disporá sobre o Estatuto da Magistratura, observados os seguintes princípios:

(iv) Na área das vedações e restrições:

a. exercer atividade político-partidária n. 45, de 2004);

b. O ingresso na carreira do Ministério Público far-se-á mediante concurso público de provas e títulos, b. assegurada a participação da Ordem dos Advogados do Brasil em sua realização, exigindo-se do bacharel em direito, no mínimo, três anos de atividade jurídica e observando-se, nas nomeações, a ordem de classificação (n. 45, de 2004).

(v) Na área da autonomia funcional, a mais grave:

a. A instituição do Conselho Nacional de Ministério Público (CNMP) (n. 45, de 2004).[65]

---

[65] O mesmo se diga em relação ao Poder Judiciário, com a criação do Conselho Nacional de Justiça – CNJ – no art. 92, I-A e 163-B da Constituição Federal. Muitas emendas

Mais não será preciso dizer. Apenas prognosticar o que parece evidente – mais restrições virão, com certeza, se o Ministério Público não souber como reagir – e reação pacífica, como reagiu Gandhi ao imperialismo inglês.

constitucionais também atingiram o texto original da Constituição Federal referente a esse poder.

CAPÍTULO V

É POSSÍVEL SUPERAR A CRISE

5.1 A face oculta da crise

Olhando para as últimas décadas, não há como não reconhecer o bom trabalho do Ministério Público.

Sua atuação, pelo menos no Estado de São Paulo, foi corrigindo a velha escola política interiorana, de não continuar aquilo que o antecessor estava construindo e inventar novas necessidades; cuidar apenas do que é visível ao eleitor (calçamento, por exemplo); desorganização administrativa, com excessivo número de cargos de confiança (apenas para nomear correligionários); abandono e omissão quanto às infraestruturas básicas de saneamento (água e esgoto, principalmente); abuso nas contratações diretas e emergenciais e, como dizem os italianos, *cosi via*...

Portanto, o saldo é altamente positivo e hoje as Prefeituras Municipais estão engajadas na era da Internet e das redes sociais, muito mais atentas à legalidade.

Os atos de improbidade administrativa (enriquecimento ilícito e danos ao erário, principalmente) foram combatidos e descobriu-se, como acenado, um mecanismo incrível de corrupção no Governo Central, e, portanto, a atuação do Ministério Público Federal também merece aplausos.

O maior equívoco, no meu modo de ver foi o *excesso* e a *vulgarização* de medidas importantes: como já salientado, o volume de informações pedidas, a interferência em assuntos não essenciais, a pressão para assinatura de Termos de Ajustamento de Conduta, nem sempre razoáveis e exigíveis (pela falta de recursos municipais), a grande quantidade de inquéritos instaurados, que não resultaram em ações judiciais, mas deixaram marcas indeléveis no patrimônio *político* e *familiar* dos processados – são alguns aspectos aqui lembrados, mas que poderiam se multiplicar – acabaram transformando os membros do Ministério Público em *inimigos dos políticos*. Estes, a seu turno, se valem desses excessos e do número de casos (vulgarização das medidas) para fazer uma linha de frente em suas reclamações e contrariedades, ocultando, porém, seus próprios ilícitos.

Todavia, há uma velha lição a ser recordada: os poderosos – ainda que fora do comando – não se rendem jamais: costuram no silêncio, tramam na calada da noite e criam redes de interação, ainda que sem comunicação direta, isto é, sem manifesto e prévio conluio. Sua sensibilidade os deixa perceber que certas questões, ainda que periféricas, atendem a seus interesses e, como por telepatia, agem no mesmo sentido, cada um dando a contribuição que pode. A somatória de tudo isso delineia os horizontes da crise que, medrando na cena nacional, estende seus tentáculos imperceptíveis em várias direções: uma delas é, com certeza o Ministério Público.

Mutatis mutandis, veja alguma semelhança com o período da Revolução Francesa que passou a ser conhecido como "Período do Terror", durante o qual vários líderes revolucionários foram mortos (como Danton, Marat e Robespierre, em circunstâncias diversas). São momentos em que os "revolucionários" começam a criar segmentos ideológicos diversos e passam a disputar o poder. A operação LAVA JATO ensejou esse fenômeno, que ficou claro com as disputas entre os candidatos (e respectivos apoiadores) à Procuradoria-Geral da República e a recente nomeação do atual Chefe do Ministério Público da União fora da lista tríplice: conquanto o ato seja legal, representa um enfrentamento à Instituição, que tradicionalmente elabora lista tríplice para sua escolha pelo Executivo. Também o Conselho Nacional do Ministério

Público ficou meio perdido nesse caos nacional, excedeu seus poderes e criou resistências nos Procuradores-Gerais Estaduais.[66]

O crescimento abrupto do Ministério Público e sua vontade reprimida, subitamente liberada, foram a um tempo, parafraseando Bilac, seu "esplendor e sepultura".[67]

Um perigosíssimo BIG BANG institucional.

Se essa visão interna é preocupante, externamente é ainda pior – a classe política e os que foram catapultados do poder não perdoarão a Instituição e irão fazer de tudo para fragilizar suas estruturas. E tudo irá ocorrer sob o olhar beneplácito do Poder Judiciário.

Exagero? Não me parece.

5.2 Superando a crise

Penso que uma crise de tais proporções não se enfrenta frontalmente.[68] Tal como age o navegador experiente, é preciso *cavalgar a onda*, isto é, com o cuidado de não a ultrapassar e nem se deixar cobrir pela onda que vem atrás.

Ultrapassar a onda é querer enfrentar a próxima frente a frente, ou seja, fincar posição e não arredar pé do que se está fazendo, imaginando que essa postura poderá derrotar *o inimigo*. Deixar-se alcançar pela onda que vem por detrás é retroceder em temas institucionais, voltando ao passado. Cavalgar a onda é manter todo o perfil constitucional, mas deixar de lado, na atuação ministerial, tudo naquilo que não seja essencial, prioritário, como o combate à corrupção. Foco no essencial.

---

[66] Também se deve apontar para a circunstância que apenas os Procuradores da República participam da formação da lista tríplice e não todos os que pertencem ao Ministério Público da União.

[67] Soneto "Língua Portuguesa".

[68] Muitos contatos que faço com membros do Ministério Público revelam que nem todos estão conscientes da profundidade da crise, pois continuam a agir como se nada estivesse acontecendo. Exceção seja feita aos líderes institucionais que se relacionam com os políticos (especialmente de Brasília), que sabem o que está ocorrendo.

Mas, para tanto, é preciso bom senso, equilíbrio[69] e saber escolher prioridades absolutas – o que bem poderia estar escrito no Plano de Atuação Geral, como a expressão da vontade institucional.

Em suma, chacoalhar a árvore para que as folhas secas caiam e fiquem apenas as verdes, as que são necessárias para ela sobreviver.

Além de um trabalho forte de conscientização, penso que algumas medidas poderão ajudar, além daquelas que a vivência ministerial possa revelar aos próprios membros do Ministério Público:

1º) Em primeiro lugar, o Ministério Público deve respeitar fielmente as balizas da legalidade para granjear o apoio dos advogados e evitar as críticas da mídia, as quais podem influenciar a opinião pública. Encarregado de tutelar a ordem jurídica, o princípio da legalidade deve imperar em todos os atos praticados pelos representantes da Instituição. Isso significa valorizar outros princípios, como a presunção de inocência, da transparência, da ampla defesa, da dignidade da pessoa humana. Um exame de consciência nos revelará que todos eles, em algum momento, foram descumpridos. Nenhum pensamento – senão o de cumprir a lei – deve ser o norte da Instituição. Posicionamentos políticos e ideologias políticas são questões que os promotores não têm o *direito* de colocar à frente de seu poder de agir. O seu único compromisso é com a lei e a verdade. Nos momentos em que a vida nacional desperta paixões, é preciso agir desapaixonadamente. Se exigir fé, não pode se encastelar em dogmas. Seu isolamento mental é o exercício diário de quem encara a sua função com seriedade, com honestidade e com a vontade sincera de servir à sociedade. Tudo isso implica em agir focalizando questões de importância real para o interesse público.

2º) Em segundo lugar é preciso fortalecer o Procurador-Geral, dotando-o de efetivos poderes em sua área de atuação e não apenas nas suas atividades administrativas. Nesse sentido, o Ministério Público deveria lutar para que a liminar concedida na ADI 1.285/SP, já referida,

[69] Infelizmente, não se aprisiona o bom senso em normas legais, como não se aprisiona o raio de sol numa garrafa transparente.

fosse cassada.[70] Somente quem pode ser destituído do cargo deve poder processar os agentes políticos, para que se estabeleça um verdadeiro sistema de pesos e contrapesos.[71]

3º) O inquérito civil precisa ser devidamente disciplinado, pois sua concepção está defasada. Antes de tudo, deve ele ser *obrigatório*, em homenagem ao princípio da presunção da inocência e ao princípio da ampla defesa e contar com prazo determinado para encerrar. Não é preciso transformá-lo de investigação inquisitiva em investigação sob a luz do princípio do contraditório: o promotor não precisa dar ciência dos atos e andamentos do inquérito (isto é, respeitar o princípio do contraditório), mas deve sempre possibilitar que o investigado ou o seu advogado tenham amplo acesso aos autos (respeito ao princípio constitucional da ampla defesa).[72]

De outro lado, o inquérito civil deve ser o *único* instrumento investigativo do Ministério Público. Nenhum outro expediente deve ser admitido. Sua instauração, deve sempre ser feita por Portaria, que poderá ser de dois tipos diferentes: (i) quando se sabe qual é o fato ilícito (materialidade) e quem foi o seu autor (autoria), a Portaria deve conter os mesmos elementos que são obrigatórios constar de uma denúncia criminal; (ii) quando um desses elementos faltar, a Portaria será adequada à essas circunstâncias e apenas quando o elemento faltante receber comprovação ou indícios sérios de comprovação, outra Portaria inaugural deve ser elaborada (agora com os requisitos da denúncia criminal) e será desta que o prazo de cinco dias para recurso contra a instauração do

[70] Já nos referimos à iniciativa louvável do atual Procurador-Geral de São Paulo, pedindo que a matéria seja incluída na pauta. Mas, é preciso anexar memoriais.

[71] Sabemos que está sendo redigido projeto de lei para conferir poderes reais ao Procurador-Geral de Justiça, a cargo da Assessoria Técnica do Deputado Campos Machado, com a participação do Ministério Público. Oxalá vire lei, rapidamente.

[72] Conquanto a Súmula Vinculante do STF, n. 14 estabeleça que "É direito do defensor, no interesse do representado, ter acesso amplo aos elementos de prova que, já documentados em procedimento investigatório realizado por órgão com competência de polícia judiciária, digam respeito ao exercício do direito de defesa", há promotores que dificultam o quanto podem esse acesso.

inquérito passará a fluir. É um absurdo admitir testemunhas *ocultas* e representações não assinadas, sem identificação de seu autor. Realmente, a representação deverá ser obrigatoriamente identificada – as anônimas devem ser imediatamente arquivadas pelo próprio promotor, sem qualquer recurso. A única maneira de reabrir a matéria é mediante nova representação adequadamente autenticada. Ainda que acompanhada de documentos, sem identificação estes não devem conferir credibilidade e serão também arquivados. Caso queira, o promotor poderá transformar a representação anônima em instauração de ofício, assumindo expressa e pessoalmente essa *responsabilidade.*[73]

Por fim, o inquérito será necessariamente instruído com:

a. Provas que acompanham a representação;

b. Provas realizadas de ofício – sempre que solicitar informações ao Poder Público, o promotor deve justificar e fundamentar o seu pedido, que estará sempre conectado a um *fato concreto* que está sendo investigado, o qual constará da requisição;

c. Provas requeridas ou juntadas pelo investigado;

d. Os laudos periciais poderão ser acompanhados por assistente técnico do investigado;

e. Oitiva obrigatória do representante, se houver, dos investigados, do ente público ao qual pertence o servidor ou servidores envolvidos e destes últimos, além de eventuais testemunhas;

f. Demais provas admitidas em direito, vedado depoimento de pessoa não identificada.

4º) O Promotor de Justiça na comarca é outro ponto obrigatório de reflexão. A falta de diálogo entre o Ministério Público e as autoridades municipais, como apontado mais de uma vez, tem sido a principal causa dos desgastes políticos da Instituição. Repito que um diálogo franco,

[73] Que sirva de exemplo a recente condenação do Ministério Público do Rio Grande do Sul, ao pagamento de R$20.000,00 a Tarso Genro, porque o Tribunal de Justiça considerou ilegais o bloqueio de bens e sua inclusão num processo que questionava a falta de licitação do transporte público intermunicipal no Estado.

aberto, transparente poderá não apenas evitar abertura de inquéritos como corrigir certos hábitos municipais, na maioria das vezes adotados por mera falta de conhecimento jurídico. A inexistência de um real e leal apoio jurídico aos prefeitos tem sido causa de muitas ações por ato de improbidade administrativa. O entendimento e o diálogo com certeza diminuirão – em muito – os ofícios requisitórios (que, além de necessariamente trazer a respectiva fundamentação, deve se circunscrever, como já acenado, às questões de grande relevância para o interesse público) e o *sistema de investigação espontânea* pela Instituição. Na Prefeitura, é preciso não esquecer, há uma pessoa *eleita pelo povo* para ditar as políticas públicas, tomar decisões discricionárias e dirigir a Administração Municipal. Seus controladores naturais são a Câmara Municipal e o Tribunal de Contas.

5º) É preciso reacender a chama das Promotorias de Justiça, incentivar a interação entre os Promotores e criar um sistema local de combate especialmente à criminalidade e violência, além da forma de tutelas outros interesses públicos de grande relevância. Deixar a atuação meramente processual e burocrática e sair do fórum. Buscar as causas de determinados processos e eliminá-las. Acompanhar os movimentos do Terceiro Setor[74] e se preocupar com os problemas sociais da comunidade. Exercer o chamado Ministério Público Preventivo.

Quando Maurice Hauriou – o mestre de Toulouse – sintetizou os elementos mínimos de uma instituição – uma ideia a realizar no grupo social; um poder organizado para realizá-la e o reconhecimento social dessa atuação ideológica – enfatizava justamente a necessidade de uma instituição ter uma *ideia a realizar*. Todavia, essa ideia, para o Ministério Público não pode se circunscrever ao estrito cumprimento daquilo que está no ordenamento jurídico, como *obrigação processual*. Para cumprir sua missão, o Ministério Público precisava ir muito além. Precisava perseguir a vontade da lei *fora do processo*. Precisava formular uma *vontade institucional* tendo em vista os valores que lhe compete

[74] Organizações sem fins lucrativos e não governamentais, que têm como objetivo tutela de alguns interesses públicos, tais como fundações, entidades beneficentes, ONGs etc.

tutelar. Sem uma ideia institucional *própria* a realizar, o Ministério Público se limita a ser mais um órgão burocrático estatal, que apenas reage a estímulos exteriores: os que lhe chegam pelos processos. Uma verdadeira e própria Instituição precisa *agir* e não apenas *reagir*.

EPÍLOGO

Relendo meus discursos proferidos ao longo de minha carreira reencontro a paixão que sempre tive pelo Ministério Público.

Embora longe das atividades ministeriais e exercendo a advocacia, tento acompanhar os principais acontecimentos nacionais e estaduais que dizem respeito à Instituição – minha preocupação constante, por acreditar que ela muito pode fazer pelo Estado de Direito Democrático Brasileiro e seus fundamentos principais.

Ortega formula uma pergunta, referindo-se à filosofia, mas que bem se ajusta ao meu retorno à paixão antiga:[75]

"Por que volta o homem à filosofia? Por que volta a ser normal a vocação a ela?"

E ele mesmo responde:

"Evidentemente volta-se a uma coisa pela mesma razão essencial que levou a ela a primeira vez. Senão, é que o retorno carece de sinceridade, é uma falsa volta, um fingir que se volta".

Por essas razões é que busquei *revisitar uma história sem fim.*

---

[75] GASSET, José Ortega. *O que é Filosofia?* Rio de Janeiro: Livro íbero-americano ltda, 1984.

NOTAS

NOTAS

NOTAS

NOTAS

A Editora Contracorrente se preocupa com todos os detalhes de suas obras!
Aos curiosos, informamos que este livro foi impresso no mês de janeiro
de 2020, em papel Pólen Soft 80g, pela Gráfica Rettec.